A ISENÇÃO FISCAL COMO POLÍTICA CULTURAL PARA AS ENTIDADES TRADICIONALISTAS GAÚCHAS

Editora Appris Ltda.
2.ª Edição - Copyright© 2024 do autor
Direitos de Edição Reservados à Editora Appris Ltda.

Nenhuma parte desta obra poderá ser utilizada indevidamente, sem estar de acordo com a Lei nº 9.610/98. Se incorreções forem encontradas, serão de exclusiva responsabilidade de seus organizadores. Foi realizado o Depósito Legal na Fundação Biblioteca Nacional, de acordo com as Leis nos 10.994, de 14/12/2004, e 12.192, de 14/01/2010.

Catalogação na Fonte
Elaborado por: Dayanne Leal Souza
Bibliotecária CRB 9/2162

Q3i
2024
	Queiroz, Luiz Felipe Zilli
	    A isenção fiscal como política cultural para as identidades tradicionalistas gaúchas / Luiz Felipe Zilli Queiroz. – 2. ed. – Curitiba: Appris, 2024.
	    130 p. : il. color. ; 21 cm.
	
	    Inclui referências.
	    ISBN 978-65-250-6215-0
	
	    1. Cultura. 2. Construção social. 3. Princípios constitucionais. I. Queiroz, Luiz Felipe Zilli. II. Título.
	
	                                                     CDD – 304

Livro de acordo com a normalização técnica da ABNT

Appris editora

Editora e Livraria Appris Ltda.
Av. Manoel Ribas, 2265 – Mercês
Curitiba/PR – CEP: 80810-002
Tel. (41) 3156 - 4731
www.editoraappris.com.br

Printed in Brazil
Impresso no Brasil

Luiz Felipe Zilli Queiroz

A ISENÇÃO FISCAL COMO POLÍTICA CULTURAL PARA AS ENTIDADES TRADICIONALISTAS GAÚCHAS

Appris
editora

Curitiba - PR
2024

FICHA TÉCNICA

EDITORIAL Augusto Coelho
Sara C. de Andrade Coelho

COMITÊ EDITORIAL Ana El Achkar (UNIVERSO/RJ)
Andréa Barbosa Gouveia (UFPR)
Conrado Moreira Mendes (PUC-MG)
Eliete Correia dos Santos (UEPB)
Fabiano Santos (UERJ/IESP)
Francinete Fernandes de Sousa (UEPB)
Francisco Carlos Duarte (PUCPR)
Francisco de Assis (Fiam-Faam, SP, Brasil)
Jacques de Lima Ferreira (UP)
Juliana Reichert Assunção Tonelli (UEL)
Maria Aparecida Barbosa (USP)
Maria Helena Zamora (PUC-Rio)
Maria Margarida de Andrade (Umack)
Marilda Aparecida Behrens (PUCPR)
Marli Caetano
Roque Ismael da Costa Güllich (UFFS)
Toni Reis (UFPR)
Valdomiro de Oliveira (UFPR)
Valério Brusamolin (IFPR)

PRODUÇÃO EDITORIAL Giuliano Ferraz
REVISÃO Allana Meirelles Vieira
DIAGRAMAÇÃO Giuliano Ferraz
CAPA Eneo Lage
REVISÃO DE PROVA Renata Cristina Lopes Miccelli

COMITÊ CIENTÍFICO DA COLEÇÃO SOCIOLOGIA DO DIREITO

DIREÇÃO CIENTÍFICA Francisco Carlos Duarte – PUCPR

CONSULTORES Prof. Leonel Severo Rocha (Unisinos)
Germano Schwartz (Unisinos)
Vicente de Paulo Barretto (Unisinos)
André-Jean Arnaud (Université de Paris-Nanterre)
Katya Kozicki (PUCPR)
Ricardo Giuliani Neto (Unisinos)
Luis Gustavo Gomes Flores (Unisinos)
Vera Karam de Chueiri (UFPR)
Délton Winter de Carvalho (Unisinos)
Wanda Capeller (l'Institut d'Études politiques de Toulouse)
Guilherme de Azevedo (UNISINOS)
Rafael Simioni (FDSM)
Claudia Maria Barbosa (PUCPR)

Dedico este livro, em primeiro lugar, a Deus. Mas também a todas as pessoas que colocaram à minha disposição seus conhecimentos, auxílios, sugestões e espírito crítico, despertando neste ser um proveitoso aperfeiçoamento intelectual, emocional e social.

AGRADECIMENTOS

Primeiramente, agradeço a Deus, que guiou os acontecimentos ao longo de minha vida, permitindo-me elaborar esta obra crítica acerca de alguns temas relacionados ao direito. A Jesus Cristo, o maior mestre que alguém poderia conhecer. A minha família, por sempre estar presente, auxiliando-me nos momentos bons e ruins. A minha esposa e a minha filha, Manoella, por serem meus esteios nos momentos de afeto e carinho. A meus amigos, que sempre trazem em suas palavras e gestos considerações de afeto. A instituição de ensino URI *Campus* Santiago que, por meio do seu corpo docente, oportunizou a janela da qual vislumbro hoje um horizonte superior, eivado pela acendrada confiança no ensino e na pesquisa aqui presentes.

PREFÁCIO

Quando falamos sobre cultura, estamos tratando de um campo tão amplo quanto devem ser os olhares que lançamos sobre ele. A despeito de sua diversidade conceitual, a cultura costuma ser geralmente mais definida como o conjunto de manifestações artísticas, sociais, linguísticas e comportamentais de um povo ou civilização. Sabe-se que a sociedade humana produz cultura, nas mais variadas formas e manifestações, desde os seus primórdios. Sabida é, também, a importância da produção cultural de um povo, não apenas como observação do mundo, mas, e não menos importante, como construção e transformação dele. Levando-se em consideração que a cultura é produzida em uma sociedade dinâmica, que sempre está mudando em decorrência das vivências e novas experiências, pela agregação de novos conhecimentos, também a cultura, inserida nesse dinamismo, é um elemento fundamental de construção social. Assim, os olhares para a cultura são, e devem ser, muito amplos, não podendo o direito, ele próprio um objeto cultural, deixar de lançar seu olhar para esse campo tão importante da sociedade humana.

Fala-se, hoje, em direitos culturais como direitos humanos, previstos expressamente na Declaração Universal de Direitos Humanos (1948). No Brasil, encontram-se devidamente normatizados na Constituição Federal de 1988, devido à sua relevância como fator de singularização da pessoa humana.

Conforme constante na Constituição Federal de 1988, é papel estatal financiar atividades culturais que garantam a preservação da diversidade das manifestações culturais.

Contudo, ainda precisamos percorrer um longo caminho a fim de que os direitos culturais, já reconhecidos normativamente, atinjam um patamar de efetividade no que tange ao fomento à produção cultural, bem como ao acesso e ao pleno exercício dos direitos culturais, notadamente no que se refere às formas estatais de incentivo à cultura. Essas formas de incentivo parecem ainda tímidas e não abarcam as amplas e variadas situações que delas necessitam como forma de melhor possibilitar a construção, a manutenção e a reformulação dos espaços e atividades culturais no Brasil.

Nesse contexto surge, muito oportunamente, o livro de Luiz Felipe Zilli Queiroz, *A isenção tributária como política cultural para as entidades tradicionalistas gaúchas*.

O livro, baseado em ampla pesquisa de campo e sólida fundamentação jurídica, reflete a preocupação do autor com o futuro das entidades tradicionalistas gaúchas, importantíssimos centros de cultura, estabelecidos não apenas no estado do Rio Grande do Sul (RS), mas também em outros estados do Brasil e até em outros países. Esses centros têm sido submetidos a dificuldades diversas para realizarem suas atividades, ante suas características de entidades que não visam ao lucro e não possuem configuração empresarial.

Tomando por base da pesquisa de campo as entidades tradicionalistas do município de São Borja (RS), cidade natal do autor, a obra discute as várias concepções de cultura, analisa a história dos direitos culturais nas ciências jurídicas brasileiras, com a positivação no ordenamento jurídico hodierno e no direito estrangeiro. Sob a égide da Constituição Federal de 1988, aborda os princípios constitucionais culturais, perpassando também a fundamentalidade desses direitos, juntamente com as políticas de incentivo à cultura. Contemplando o direito tributário, o livro apresenta, também, o passado desse direito, tanto no ambiente nacional quanto internacional, com a ótica voltada para o sistema tributário brasileiro e sua competência para tributar, abordando as imunidades e isenções tributárias. Em um terceiro e último momento, o livro propõe a isenção fiscal para as entidades tradicionalistas gaúchas, sendo contextualizadas sob uma análise do tradicionalismo, juntamente com a pesquisa de campo acerca da insurgência tributária do município de São Borja, selecionado pelo autor para a realização da pesquisa.

O presente livro, solidamente alicerçado sobre séria pesquisa de campo e fundamentação jurídica, demonstrativas da competência e seriedade do autor, é leitura obrigatória para todos aqueles que, ligados ou não ao ramo do direito, dedicam-se, de alguma forma, à cultura e seus aspectos. Lançando luz sobre a questão, a partir do estudo de casos locais, o livro abre, reflexamente, a discussão acerca das isenções tributárias para entidades tradicionalistas como política cultural para o Brasil, visto não ser essa uma questão unicamente local, senão nacional. Já dizia Tolstoi: "Se queres ser universal começa por pintar a tua aldeia". Com a presente obra, o autor segue à risca o conselho do grande escritor, estudando questões de sua cidade que se inserem sobremaneira na formação do corpo dos direitos culturais e na sustentabilidade de inúmeras entidades tradicionalistas e culturais brasileiras.

Prof. Esp. Antonio Augusto Biermann Pinto
URI – Campus Santiago

APRESENTAÇÃO

O presente livro traz considerações sobre a diversidade cultural existente no Brasil. Assim, é trazida à baila a tutela jurídica sobre a cultura, inserida no fenômeno da tributação, colocando lado a lado os direitos culturais e o direito tributário na ambição de proteger as manifestações culturais presentes neste país.

Dessa forma, esta obra discute as várias concepções de cultura, não deixando esse elemento cultural como algo abstrato e obsoleto, mas justificado por uma análise histórica dos direitos culturais no seio das ciências jurídicas brasileiras, com a positivação no ordenamento jurídico hodierno e no direito estrangeiro. Sob a égide da Constituição Federal de 1988, o trabalho passa a observar os princípios constitucionais culturais, perpassando também a fundamentalidade desses direitos, conjuntamente com as políticas de incentivo à cultura. Assim, procura-se aprofundar os conhecimentos sobre os direitos culturais no Brasil e inseri-los dentro das políticas públicas e privadas, consolidando políticas propriamente culturais no amparo das manifestações culturais.

Em um segundo momento, o livro contempla especificamente o direito tributário, apresentando, também, o passado desse direito no ambiente nacional e internacional, com a ótica voltada para o sistema tributário brasileiro e sua competência para tributar. Na obra, serão apresentados os princípios constitucionais tributários, seguidos das espécies tributárias, dando-se ênfase à tributação municipal, diante de um caso concreto asseverado no escrito. Nesse diapasão, são questionadas as imunidades e as isenções tributárias, inclusive sob um aparato histórico.

Para o encerramento deste livro, propõe-se a possibilidade de isenção fiscal para as entidades tradicionalistas do Rio Grande do Sul e do Brasil, servindo como exemplo uma pesquisa de campo no município de São Borja (RS), diante do sistema tributário desse município. Com isso, haverá uma apresentação e uma contextualização do tradicionalismo gaúcho, que, diante das suas múltiplas facetas, passa por um processo de liquidez – seguindo, assim, o que Baumann observou na obra *Modernidade Líquida* – e descaracterização. Dessa forma, por meio desse caso prático envolvendo especificamente o município de São Borja – que, de acordo com a Lei n.º 15.093/18 do Estado do Rio Grande do Sul, é considerado a "Capital do Fandango" –, faz-se necessária uma análise da tributação do município.

Portanto, o livro assevera a isenção fiscal para as entidades investigadas no município de São Borja, mas estende essa possibilidade para todas as entidades tradicionalistas do país, diante das dificuldades financeiras que elas sofrem e da alta carga tributária em que o Estado brasileiro assola as mesmas – cenário que acaba limitando as manifestações culturais do tradicionalismo gaúcho.

Luiz Felipe Zilli Queiroz

LISTA DE ABREVIATURAS

CF	–	Constituição Federal
CFTG	–	Centro Folclórico de Tradições Gaúchas
COSIP	–	Contribuição para o Custeio da Iluminação Pública dos Municípios
CN	–	Centro Nativista
CTG	–	Centro de Tradições Gaúchas
CTM	–	Código Tributário Municipal
CTN	–	Código Tributário Nacional
IBGE	–	Instituto Brasileiro de Geografia e Estatística
ICMS	–	Imposto sobre Circulação de Mercadorias e Serviços
IPHAN	–	Instituto do Patrimônio Histórico e Artístico Nacional
IPTU	–	Imposto Predial e Territorial Urbano
IPVA	–	Imposto sobre a Propriedade de Veículos Automotores
ISSQN	–	Imposto sobre Serviços de Qualquer Natureza
ITBI	–	Imposto de Transmissão de Bens Imóveis
ITCMD	–	Imposto de Transmissão Causa Mortis e Doação
MTG	–	Movimento Tradicionalista Gaúcho
OEA	–	Organização dos Estados Americanos
ONU	–	Organização das Nações Unidas
Unesco	–	Organização das Nações Unidas para a Educação, a Ciência e a Cultura

SUMÁRIO

CAPÍTULO 1
INTRODUÇÃO 19

CAPÍTULO 2
A CULTURA SOB A ÓTICA JURÍDICA: A ASCENSÃO DOS DIREITOS CULTURAIS NO BRASIL 23

2.1 ANTECEDENTES HISTÓRICOS DOS DIREITOS CULTURAIS NO BRASIL 24
2.2 APROXIMAÇÕES DA CONCEPÇÃO CULTURA E DIREITOS CULTURAIS 30
2.3 DIREITOS CULTURAIS COMO DIREITOS FUNDAMENTAIS 40
2.4 PRINCÍPIOS CONSTITUCIONAIS CULTURAIS 44
2.5 POLÍTICAS DE FOMENTO À CULTURA 47

CAPÍTULO 3
O DIREITO TRIBUTÁRIO BRASILEIRO E AS IMUNIDADES TRIBUTÁRIAS ... 57

3.1 ASPECTOS HISTÓRICOS DA TRIBUTAÇÃO NO DIREITO E NO BRASIL 59
3.2 O SISTEMA TRIBUTÁRIO NACIONAL E A COMPETÊNCIA PARA TRIBUTAR 66
3.3 PRINCÍPIOS CONSTITUCIONAIS TRIBUTÁRIOS 71
3.4 AS ESPÉCIES DE TRIBUTOS NO BRASIL: A TRIBUTAÇÃO MUNICIPAL 78
3.5 A IMUNIDADE TRIBUTÁRIA E A ISENÇÃO FISCAL 84

CAPÍTULO 4
A ISENÇÃO FISCAL PARA AS ENTIDADES TRADICIONALISTAS: O CASO PRÁTICO DE SÃO BORJA 89

4.1 O SISTEMA TRIBUTÁRIO DO MUNICÍPIO DE SÃO BORJA 90
4.2 UMA BREVE ANÁLISE SOBRE O TRADICIONALISMO GAÚCHO 93
4.3 A HISTÓRIA DAS ENTIDADES TRADICIONALISTAS DE SÃO BORJA: CFTG FARROUPILHA, CN BOITATÁ E CTG TROPILHA CRIOULA 103

4.4 ANÁLISES DA PESQUISA DE CAMPO 106
4.5 A NECESSIDADE DA ISENÇÃO FISCAL PARA A PROTEÇÃO DA CULTURA TRADICIONALISTA 116

CAPÍTULO 5
CONSIDERAÇÕES FINAIS **119**

REFERÊNCIAS 123

CAPÍTULO 1

INTRODUÇÃO

Vive-se, hoje, na era da informação, e o ser humano está cada vez mais acessível às diversidades culturais. O almejo por cultura está se solidificando no planeta, ensejando a proteção estatal dessas diversidades a fim de que elas sejam preservadas e asseguradas a todos. Com isso, há muitos países enfrentando conflitos bélicos, tanto por guerrilhas internas quanto por guerras externas, deixando fragilizadas as identidades culturais, que, muitas vezes, encontram-se destruídas ou despersonalizadas. Dessa forma, exsurgem os direitos culturais, com o intento de assegurar às sociedades presentes, e principalmente às futuras, o (re)conhecimento de seus patrimônios culturais.

No Brasil, essa seara do direito começou a emergir com a Constituição Federal de 1988, que sabiamente previu alguns dispositivos constitucionais sobre essa temática. O legislador constitucional reconheceu a relevância da cultura na Magna Carta, já que é notória a diversidade cultural e a miscigenação de culturas no território brasileiro. Assim, a cultura ultrapassa uma visualização puramente antropológica, filosófica e sociológica, e passa a ser analisada sob a ótica jurídica.

Por meio dos direitos culturais, é possível observar políticas de fomento à cultura, as quais irão contribuir para a vivência sadia das entidades tradicionalistas existentes em todo o país, como foi constatado na pesquisa de campo no município de São Borja (RS). Essas entidades, que são associações sem fins lucrativos, existem para oportunizar as manifestações culturais sulinas, oriundas do "gauchismo", porém, elas encontram-se muitas vezes com dificuldades de manutenção, tendo em vista os elevados custos para a conservação de suas sedes e a promoção de atividades artísticas, campeiras e musicais, além dos gastos com o pagamento de tributos.

Com o intento de salvaguardar esses centros culturais, busca-se, também, a seara tributária, por meio das políticas fiscais, para responder o seguinte questionamento: em que medida as isenções tributárias poderiam ser instrumentos de fomento às atividades das entidades tradicionalistas gaúchas? Na medida em que se criam, por meio do Poder Legislativo local, estadual e nacional (federal), leis isentando às entidades tradicionalistas do pagamento de quaisquer tributos, tais como impostos, taxas e contribuições. Também se pode introduzir nesse papel de isenção fiscal o estado do Rio Grande do Sul e os demais estados, com a elaboração de leis, pelas assembleias legislativas, que favoreçam essas entidades no que diz respeito ao pagamento de tributos estaduais. Ademais, não se descarta a possibilidade de imunização tributária para esses centros, por meio de Emenda Constitucional formulada pelo Congresso Nacional, a qual não atingiria somente a matéria de incidência fiscal, mas de competência tributária, impactando, inclusive, em outros espaços de manifestações culturais no país.

Então, neste livro, foi verificado se a imunidade/isenção tributária servirá como política de fomento à cultura na medida em que contribua para a vivência sadia das entidades tradicionalistas de todo o país. Para alcançar esse objetivo, foi pesquisada a origem dos direitos culturais e do direito tributário no Brasil, bem como as concepções, os princípios e os elementos característicos dessas duas searas do direito. Ademais, foram estudadas as questões ligadas às políticas de incentivo à cultura. Por fim, foi constatada a quantidade e os tipos de tributos devidos por essas entidades, além da apresentação do tradicionalismo gaúcho vivenciado por elas.

Com isso, é majestosa a contribuição do presente trabalho para a sociedade brasileira, já que trará estudos sobre os direitos culturais e o direito tributário na salvaguarda da cultura tradicionalista dos estados brasileiros. Essa cultura regional dos estados sulinos brasileiro tem grande prestígio nacional, pois invoca padrões estruturais de uma cultura autenticamente sul-americana. Além disso, esta obra fecunda a produção acadêmica e científica nessa área pouco pesquisada do direito.

Para a perfectibilização deste livro, foi realizada uma pesquisa de campo, autorizada pelo Comitê de Ética e Pesquisa da URI *Campus* Santiago. (uma instituição de renome na região). Foram entrevistadas três entidades tradicionalistas do município de São Borja, justamente por ser "A capital do Fandango", sendo elas: o Centro Folclórico de Tradições Gaúchas Farroupilha (CFTG Farroupilha), o Centro Nativista Boitatá (CN Boitatá) e o Centro de Tradições Gaúchas Tropilha Crioula (CTG Tropilha Crioula). Foram respondidas 20 questões pertinentes ao tema, por meio de questionários, possibilitando a formulação de vinte gráficos, conforme se encontra no terceiro capítulo.

Ademais, este livro está dividido em três capítulos, tratando o primeiro da análise da cultura sob a ótica jurídica, por meio da ascensão dos direitos culturais, com a utilização de cinco subcapítulos. A segunda seção é baseada no direito tributário brasileiro e nas isenções/imunidades tributárias, configurando cinco subseções. O último capítulo versa sobre a isenção fiscal para as entidades tradicionalistas gaúchas, estando subdividido, também, em cinco subcapítulos.

Portanto, esta obra é de extrema valia para a cultura e para a população que vivencia a cultura regionalista dos estados sulinos, pois baseia-se em uma pesquisa de campo, donde são confirmadas, por meio de questionário, as dificuldades que as entidades tradicionalistas têm, como apresentam, por exemplo, as de São Borja, já que enfrentam muitas despesas de mantimentos, ensejando em prejuízos de ordem artística, musical e campeira. Também se verifica a possibilidade de limitar esses gastos por meio de políticas fiscais e culturais, com a incursão da isenção/imunidade tributária para essas entidades.

CAPÍTULO 2

A CULTURA SOB A ÓTICA JURÍDICA: A ASCENSÃO DOS DIREITOS CULTURAIS NO BRASIL

A vivência no/do mundo contemporâneo é recheada por situações que remetem as pessoas a uma excessiva carga de informações, gerando várias interpretações. Nesse sentido, as facilidades que foram trazidas pela (pós) modernidade trouxeram o acesso/experiência às diversas formas de culturas, certificando o que se chama hoje de multiculturalismo ou multiculturalidade, com o recíproco intercâmbio e expansão de diversas culturas aos lugares mais recônditos do Brasil e também do planeta.

Assim, o Estado brasileiro é contemplado pela alta carga cultural que tem e diversificado nas expressões culturais e folclóricas. A importância desse cenário merece o estreitamento de outros ramos científicos para a averiguação e a proteção, com a administração das ciências sociais (antropologia e sociologia) para constatação das realidades, e das ciências jurídicas como vetor de proteção estatal institucionalizado.

Diante disso, este primeiro capítulo traz à baila, em um primeiro momento, os antecedentes históricos dos direitos culturais no Brasil e as aproximações da concepção cultura e dos direitos culturais. Posteriormente, serão analisados os direitos culturais como direitos fundamentais, e também os princípios constitucionais culturais. Por fim, será contemplada a ótica das políticas de fomento à cultura. Tudo isso será explicitado para o desenvolvimento do trabalho a fim de coadunar com as propostas desenvolvidas ao longo do livro.

2.1 ANTECEDENTES HISTÓRICOS DOS DIREITOS CULTURAIS NO BRASIL

Nada faz sentido, enquanto essência na contemporaneidade, sem restar o cometimento histórico para se dar valor e contextualização àquilo que se pretende instruir ou aprender. A história dá sentido a tudo e permite às pessoas viajarem ao passado e constatar as diferenças transformadas/transformadoras que hoje chegam ao conhecimento de todos.

Hoje, o mundo encontra-se embargado em uma globalização descontrolada, que somente procura respostas no futuro, não sabendo valorizar a história. Essa busca enfadonha por respostas curtas e que satisfazem o "mero conhecimento", não o transformando em sabedoria, remonta ao que o célebre Friedrich Nietzsche define como o ser o humano de hoje.[1] Diante disso, é inevitável não trazer a contextualização histórica dos direitos culturais no Brasil, sem antes abrangê-lo na construção internacional, pois a história é como um organismo de ideias.

Dessa forma, os direitos culturais surgiram estritamente com o direito autoral, já que, historicamente, ele nasceu de alguns processos revolucionários, inicialmente na Inglaterra com a Revolução Gloriosa. Já nos Estados Unidos originou-se com a Revolução para a independência. E na França com a Revolução Francesa, das bases do liberalismo.[2] Todas essas revoltas trou-

---

[1] NIETZSCHE, Friedrich. **Escritos sobre educação.** 3. ed. Tradução de Noéli Correia de Melo Sobrinho. São Paulo: Loyola, 2007.

[2] Segundo Estênio Cavalcante, especificamente nas revoluções da Inglaterra e França, "[...] que nasceram as primeiras leis de proteção ao patrimônio histórico e artístico, os primeiros museus públicos, as bibliotecas, teatros e arquivos nacionais, além dos conservatórios de artes e ofícios." CAVALCANTE, Estênio. Direitos culturais e direitos humanos: uma leitura à luz dos tratados internacionais e da constituição federal. **Revista eletrônica Díke**, v. 1, n. 1, jan./jul. 2011. Disponível em: <http://www2.tjce.jus.br:8080/dike/wp-content/uploads/2010/11/Estenio-Raulino.pdf>. Acesso em: 18 ago. 2017, p. 7.

xeram como a mais legítima e pessoal das propriedades a criação intelectual e artística.[3,4]

Porém, depois desses processos revolucionários, durante o século XIX, Ana Maria Lopes e Roberta Jucá ressaltam que

> A cultura estava intimamente ligada à ideia de civilização, cujo grau dependia do cumprimento de etapas evolutivas e que encontrava o seu auge nas sociedades europeias de então, a partir das quais os demais grupos sociais eram comparados e avaliados. Nesse período, a expressão direito cultural encontrava-se atrelada a ideia de instrução e, portanto, incluído na concepção de educação. O amadurecimento da percepção e o reconhecimento da cultura direito autônomo é resultado do aperfeiçoamento conceitual que resultou em sua desvinculação do direito fundamental à educação.[5]

Ademais, Estênio Cavalcante[6] ressalta outro momento fulcral: a Convenção de Berna para a Proteção das Obras Literárias e Artísticas, sendo proclamada em 1886, como o primeiro documento a destinar, universalmente, os direitos dos autores sobre as suas obras. Na sequência, após a Segunda Guerra Mundial, esse direito apareceu na Declaração Universal dos Direitos Humanos (1948), consolidando sua existência em uma carta escrita e for-

---

[3] Ibidem.

[4] Em relação aos direitos autorais, especificamente, é oportuno apresentar uma passagem de Costa Netto, que vincula à Grécia Antiga as primeiras constatações sobre autoria, o que poderia ensejar uma prematura observação sobre os direitos culturais. Segundo o autor, "[...] os gregos Sócrates e Platão, ou os romanos, como César e Cícero, os primeiros na qualidade de professores, o terceiro como político e o último, advogado, se consideravam e eram autores." NETTO, Costa. **Direito Autoral no Brasil.** 2.ed. São Paulo: FTD, 2008, p. 31.

[5] LOPES, Ana Maria; JUCÁ, Roberta apud SOUZA, Allan Rocha de. **Direitos culturais no Brasil.** 1. ed. Rio de Janeiro: Azougue, 2013, p. 69.

[6] CAVALCANTE, José Estênio Raulino. Direitos culturais e direitos humanos: uma leitura à luz dos tratados internacionais e da constituição federal. **Revista eletrônica Díke,** v. 1, n. 1, jan./jul. 2011. Disponível em: <http://www2.tjce.jus.br:8080/dike/wp-content/uploads/2010/11/Estenio-Raulino.pdf>. Acesso em: 18 ago. 2017.

malizada por várias nações e, principalmente, solidificando-se como direito humano.[7]

Nessa derradeira internacional, os direitos culturais, por meio dos direitos autorais, também apareceram na Conferência Intergovernamental da Unesco sobre os Direitos de Autor, em 1952, da qual resultou a Convenção Universal sobre Direito de Autor.[8]

A título de curiosidade, o segundo direito cultural estabelecido no plano internacional foi o direito à livre participação na vida cultural. Segundo a Declaração Universal, no seu artigo XXVII, "toda pessoa tem o direito de participar livremente da vida cultural da comunidade, de gozar das artes e de aproveitar-se dos progressos científicos e dos benefícios que deles resultam."[9,10]

Na sequência, outros documentos internacionais eram aprovados com a intenção de proteger os direitos culturais, como a tutela do patrimônio cultural material, em casos de conflitos armados. A percepção desse direito derivava, muitas vezes, da existência de guerras sucessivas e destruidoras. Por isso, houve encontros entre as nações para criarem pactos protetivos, como a Convenção de Haya (1899) e o Pacto de Washington (1935), donde originou essa proteção específica ao patrimônio cultural.[11]

Antes da observação histórica dos direitos culturais no Brasil, há indícios interamericanos de insurgência desses direitos.

---

[7] O artigo 22 da Declaração Universal dos Direitos do Homem prevê: "Todo o homem, como membro da sociedade, tem direito à segurança social e à realização, pelo esforço nacional, pela cooperação internacional e de acordo com a organização e recursos de cada Estado, dos direitos econômicos, sociais e culturais indispensáveis à sua dignidade e ao livre desenvolvimento de sua personalidade." ORGANIZAÇÃO DAS NAÇÕES UNIDAS - ONU. **Declaração Universal dos Direitos Humanos de 1948**. Disponível em: <http://www.dudh.org.br/declaracao/>. Acesso em: 8 ago. 2017.

[8] CAVALCANTE, op. cit.

[9] Ibidem.

[10] Segundo Cavalcante, "esse princípio foi detalhado pelo artigo XV do Pacto Internacional de Direitos Econômicos, Sociais e Culturais, pelo qual os Estados membros da ONU comprometeram-se a 'respeitar a liberdade indispensável à pesquisa cietífica e à atividade criadora" e a adotar medidas "necessárias à conservação, ao desenvolvimento e à difusão da cultura." Ibidem, p. 5-6.

[11] Ibidem.

Uma grande representação desse direito nessa zona territorial se deu com a Convenção Americana sobre os Direitos Humanos, ocorrida em San José na Costa Rica, em 1969. Nessa convenção, há um capítulo próprio que reconhece aos Estados signatários o dever de efetivar plenamente, por meio de políticas econômicas e técnicas, os direitos culturais em nível de América, tanto do norte, quanto do sul.[12]

Ademais, houve a Convenção do Patrimônio Mundial, Cultural e Natural em 1972, e a Declaração do México sobre as Políticas Culturais, essa última assinada em 1982, mas ambos os documentos trouxeram a definição de patrimônio cultural do povo como "as obras de seus artistas, arquitetos, músicos, escritores e sábios, as criações anônimas surgidas da alma popular e o conjunto de valores que dão sentido à vida".[13,14]

O Estado brasileiro, desde os anos de 1940, já reconhecia a existência dos direitos culturais, mas não de uma forma positivada no ordenamento jurídico, mas sim por ser signatário da Declaração Universal dos Direitos Humanos de 1948, que previu o direito à cultura e acrescentou, também, o direito à participação

---

[12] O artigo 26 dessa Convenção prevê que "os Estados Partes comprometem-se a adotar providências, tanto no âmbito interno como mediante cooperação internacional, especialmente econômica e técnica, a fim de conseguir progressivamente a plena efetividade dos direitos que decorrem das normas econômicas, sociais e sobre educação, ciência e cultura, constantes da Carta da Organização dos Estados Americanos, reformada pelo Protocolo de Buenos Aires, na medida dos recursos disponíveis, por via legislativa ou por outros meios apropriados." ORGANIZAÇÃO DOS ESTADOS AMERICANOS - OEA. **Convenção Americana sobre Direitos Humanos.** Disponível em: <https://www.cidh.oas.org/basicos/portugues/c.convencao_americana.htm>. Acesso em: 20 ago. 2017.

[13] INSTITUTO DO PATRIMÔNIO HISTÓRICO E ARTÍSTICO NACIONAL - IPHAN. **Conferência Mundial sobre as Políticas Culturais.** Disponível em: <http://portal.iphan.gov.br/uploads/ckfinder/arquivos/Declaracao%20do%20Mexico%201985.pdf >. Acesso em: 26 abr. 2018.

[14] Na mesma reflexão, "[...] os mesmos documentos reafirmam o direito dos povos de proteger o seu patrimônio cultural, vinculando-o à defesa da soberania e da independência nacionais. A Declaração do México recomendou, inclusive, fossem restituídas aos países de origem as obras que lhes foram subtraídas via colonialismo, conflitos armados e ocupações estrangeiras." CAVALCANTE, José Estênio Raulino. Direitos culturais e direitos humanos: uma leitura à luz dos tratados internacionais e da constituição federal. **Revista eletrônica Díke**, v. 1, n. 1, jan./jul. 2011. Disponível em: <http://www2.tjce.jus.br:8080/dike/wp-content/uploads/2010/11/Estenio-Raulino.pdf>. Acesso em: 18 ago. 2017, p. 8.

na vida cultural. Notório era o desleixo da política e dos governos naquela época, por não preverem dispositivos legais ou constitucionais nessa seara.

Naquele tempo, a cultura, caracterizada somente pelos seus bens e patrimônios culturais materiais, era acessível a uma pequena parcela da população, retida aos quintões aristocráticos, não tendo motivo para exposição a toda população brasileira por meio de aparatos constitucionais/legais.[15,16]

Os direitos afetivos à cultura, pontualmente, são recentíssimos sob a órbita jurídica positivada. Foi com a Constituição Federal de 1988 que apareceram, pontualmente, os mesmos. Estão previstos nos artigos 215[17] e 216[18] da Magna Carta.

Entretanto, é notório que a cultura, mesmo que indiretamente, já era tutelada anteriormente à Carta Cidadã. O direito administrativo, ambiental e autoral, previa algumas questões pertinentes ao patrimônio cultural. Assim como no ramo do direito

---

[15] COSTA, Rodrigo Vieira. Cultura e patrimônio cultural na Constituição da República de 1988 – a autonomia dos direitos culturais. **Revista CPC**, São Paulo, n. 6, p. 21-46, maio/out. 2008. Disponível em: <http://www.revistas.usp.br/cpc/article/viewFile/15623/17197>. Acesso em: 18 ago. 2017.

[16] Com ótica similar partem Sandra Cureau e Márcia Leuzinger, apontando que "[...] durante a ditadura Vargas (1937-1945), as primeiras ações em defesa do patrimônio cultural, ainda que a escolha dos bens a serem preservados tivesse por fundamento os vínculos de cidades, prédios e monumentos do período colonial com a história oficial do país e, portanto, com as elites nacionais." CUREAU, Sandra; LEUZINGER, Márcia. **Direito Ambiental**. 1. ed. Rio de Janeiro: Campus Jurídico, 2008, p. 29.

[17] Está previsto no artigo 215 da Magna Carta, *in verbis*: "O Estado garantirá a todos o pleno exercício dos direitos culturais e acesso às fontes da cultura nacional, e apoiará e incentivará a valorização e a difusão das manifestações culturais." BRASIL. **Constituição da República Federativa do Brasil de 1988**. Casa Civil, Brasília, DF, 5 out. 1988. Disponível em: <http://www.planalto.gov.br/ccivil_03/constituicao/constitui%C3%A7ao.htm>. Acesso em: 8 ago. 2017.

[18] Encontra-se disponível no artigo 216, da Constituição Federal, *in verbis*: "Constituem patrimônio cultural brasileiro os bens de natureza material e imaterial, tomados individualmente ou em conjunto, portadores de referência à identidade, à ação, à memória dos diferentes grupos formadores da sociedade brasileira, nos quais se incluem: I - as formas de expressão; II - os modos de criar, fazer e viver; III - as criações científicas, artísticas e tecnológicas; IV - as obras, objetos, documentos, edificações e demais espaços destinados às manifestações artístico-culturais; V - os conjuntos urbanos e sítios de valor histórico, paisagístico, artístico, arqueológico, paleontológico, ecológico e científico." Ibidem.

administrativo, havia a intervenção do Estado sobre o tombamento de propriedades privadas[19], que para Francisco Rodrigues, estão

> Dentre as diversas categorias jurídicas em que se pode incluir o tombamento, no tocante a sua natureza jurídica, encontram-se: servidão administrativa; domínio eminente estatal; bem cultural como bem imaterial e, por fim, com uma limitação administrativa ao direito de propriedade.[20]

O patrimônio cultural também era encontrado como parte do meio ambiente, considerado para essa seara do direito como meio ambiente cultural, que, segundo José Afonso da Silva, são [aqueles direitos] "integrados pelo patrimônio histórico, artístico, arqueológico, paisagístico e turístico [...]"[21].

Nesse diapasão, diante da ótica dos direitos autorais, eram reconhecidos, também, os direitos culturais, diante do patrimônio imaterial relativo às obras produzidas. Assim, quando essas obras se tornam públicas, de acordo com a Lei de direitos autorais (Lei n.º 9.610/98), elas se tornam peças contemplativas de manifestações culturais.

Portanto, diante do exposto acima, restou demonstrada a construção dos direitos culturais no Brasil, com as características históricas internacionais, tanto no ambiente mundial, quanto continental para, posteriormente, ser contemplado no passado brasileiro.

---

[19] No Brasil, o instrumento utilizado, em âmbito federal, à proteção jurídica do patrimônio cultural material é o tombamento, o qual é estabelecido pelo Decreto-Lei n.º 25, de 30 de novembro de 1937.
[20] RODRIGUES, Francisco Luciano Lima. Breve estudo sobre a natureza jurídica do tombamento. **Revista Pensar,** Fortaleza, v. 8, n. 8, p. 32-38, fev. 2003. Disponível em: <http://periodicos.unifor.br/rpen/article/view/735>. Acesso em: 20 ago. 2017.
[21] SILVA, José Afonso. **Direito ambiental constitucional.** 5. ed. São Paulo: Malheiros, 2004, p. 134.

2.2 APROXIMAÇÕES DA CONCEPÇÃO CULTURA E DIREITOS CULTURAIS

Partindo da construção histórica dos direitos culturais, é mister expor o estreitamento desse direito por meio da concepção e estagnação de cultura, a fim de saber o que realmente se tutela juridicamente e, na sequência, apresentar teleologicamente os direitos pertencentes à cultura.

Sob a análise de cultura[22,23], é necessário trazer o sentido étimo da palavra, que provém do latim *cólere*. Isso significa morar, cultivar e tratar. Assim, fica cintilante que a cultura advém da agricultura, que foi/é uma das formas mais antigas de dominação, testemunho e transmutação do homem sobre a natureza. Então, a concepção de cultura é de natureza muito antiga, repontando o início da civilização.[24,25]

---

[22] De acordo com a abrangência sobre a cultura, para Jorge Miranda ela "envolve a língua/linguagem, os usos e costumes, a religião, os símbolos comunitários, conhecimentos, as formas de cultivos da terra e do mar, a organização política, o meio ambiente. Assim, a cultura se torna precisa pela humanidade que apresenta, sendo que cada ser estabelecido em um determinado ambiente se perfaz pela sua cultura [...]" (MIRANDA apud QUEIROZ, Luiz Felipe Zilli. Direitos culturais e tradicionalismo gaúcho: na busca de estímulo à cultura regionalista. In: ENCONTRO INTERNACIONAL DE DIREITOS CULTURAIS, III., 2014, Fortaleza. **Anais do III Encontro Internacional de Direitos Culturais**, Fortaleza: Unifor, 2014. p. 3. Disponível em: <http://direitosculturais.com.br/anais_interna.php?id=17>. Acesso em: 8 ago. 2017.

[23] Nessa mesma senda, o mesmo douto Jorge Miranda contribui que "muitas vezes a cultura envolve um significado não palpável, tendo uma característica espiritual, reportando a bens não econômicos e criados ou valorizados pelo humano, mas também atinentes à natureza, diante do significado que tem para algum povo. Sempre será tangenciada pela relevância coletiva, de acordo com a situação em que se encontra." (MIRANDA apud QUEIROZ, Luiz Felipe Zilli. Direitos culturais e direitos autorais: a prioridade do tradicionalismo gaúcho como manifestação da cultura regionalista do Rio Grande do Sul. In: CUNHA FILHO, Francisco Humberto (Org.). **Conflitos culturais:** como resolver? como conviver? Coletânea. Fortaleza: IBDCult, 2016. Disponível em: <http://www.direitosculturais.com.br/artigos_interna.php?id=121>. Acesso em: 16 ago. 2017, p. 4.

[24] BOSI, Alfredo. **Dialética da colonização**. São Paulo: Companhia das Letras, 1992.

[25] O mestre Humberto Cunha Filho traz uma importante contextualização nesse sentido, pois "pode-se notar que o aspecto originário da significação do termo cultura diz respeito à intervenção do homem para modificar o ambiente natural, sendo que, já nos tempos clássicos, foi agregada a esta a compreensão do refinamento progressivo de dita intervenção, incluindo aí o interesse pelas artes, pela ciência, filosofia, ética, enfim, por tudo o que o homem vem produzindo e que o induz ao aprimoramento integral, a partir de práticas vinculadas a elevados valores [...]". CUNHA FILHO,

Nesse diapasão, é possível encontrar mais concepções sobre a cultura. Há quatro perspectivas para explicação: (1) com auxílio da sociologia; (2) por intermédio da filosofia; (3) por uma análise antropológica e; (4) diante de um viés jurídico.

(1) Para Rocher[26], a cultura pode ser um conglomerado de maneiras de pensar, sentir e agir. Sendo formalmente notórias e externas essas situações, e estando em contato com uma pluralidade de pessoas, que visam aprender e partilhar esses momentos, as mesmas acabam estimulando uma construção objetiva e simbólica de uma coletividade particular e distinta.[27] Outrossim, é possível analisar a dimensão sociológica da cultura relacionada a um processo diversificado de questões profissionais, institucionais, políticas e econômicas, voltada para uma ótica em si própria.[28]

(2) De acordo com Jaeger[29], em um apertado conceito filosófico, a cultura estaria ligada a valores e a ideais de humanidade, diante de um nicho consciente. Isso é remetido à Grécia antiga. Portanto, sobressaem valores axiologicamente criados pelos indivíduos[30].

Humberto. **Cultura e democracia na Constituição Federal de 1988:** a representação de interesses e sua aplicação ao Programa Nacional de Apoio à Cultura. Rio de Janeiro: Letra Legal, 2004, p. 30.

[26] ROCHER, Guy. **Sociologia Geral.** Lisboa: Presença, 1977.

[27] Para Santaella, "a Cultura pode ser definida como sistemas de significação através dos quais o ser humano ou um grupo particular mantém a sua coesão, seus valores, sua identidade e interação com o mundo. Esses sistemas de significação, usualmente entendidos como a linguagem da cultura, englobam as artes (literatura, cinema, pintura, música, dança etc.), as várias atividades sociais e padrões de comportamento, bem como, os métodos estabelecidos pelos quais a comunidade preserva sua memória e seu sentido de identidade, como mitos, história, sistema de leis e crença religiosa." SANTAELLA, Lúcia. **Cultura das Mídias**. São Paulo: Experimento, 1996, p. 28.

[28] BOTELHO, Isaura. Dimensões da Cultura e Políticas Públicas. **Revista São Paulo Perspectivas,** São Paulo, v. 15, n. 2, abr./jun. 2001. Disponível em: <http://www.scielo.br/scielo.php?script=sci_arttext&pid=S0102-88392001000200011>. Acesso em: 20 ago. 2017.

[29] JAEGER apud CUNHA FILHO, Francisco Humberto. **Direitos culturais como direitos fundamentais no ordenamento jurídico brasileiro**. Brasília: Brasília Jurídica, 2000.

[30] Na observância de Marilena Chauí, a "cultura passa a significar os resultados daquela formação ou educação dos seres humanos, resultados expressos em obras, feitos, ações e instituições: as artes, as ciências, a Filosofia, os ofícios, a religião e o Estado. Torna-se sinônimo de civilização, pois os pensadores julgavam que os resultados da formação-educação aparecem com maior clareza e nitidez na vida social e política ou na vida civil." CHAUÍ, Marilena. **Convite à Filosofia**. São Paulo: Ática, 2001, p. 372.

(3) Sob a ótica antropológica, tem-se a cultura como todo fenômeno humano que tenha uma relação material ou imaterial aplicada a um indivíduo ou a um determinado povo (coletivo). Logo, esse vocábulo seria "o complexo que inclui conhecimento, crenças, arte, morais, leis, costumes e outras aptidões. Além de hábitos adquiridos pelo homem como membro da sociedade".[31,32] Sinteticamente, a cultura fornece aos indivíduos aquilo que é chamado de "[...] equilíbrios simbólicos, contratos de compatibilidade e compromissos mais ou menos temporários [...]"[33,34]

(4) Juridicamente a cultura é

> [...] A produção humana vinculada ao ideal de aprimoramento, visando à dignidade da espécie como um todo, e de cada um dos indivíduos. A subjetividade dos termos da definição passa a ganhar forma concreta segundo a observação de cada ordenamento jurídico [e suas normas].[35,36]

---

[31] TYLOR, Edward Burnett. A ciência da cultura. In: CASTRO, Celso (Org.). **Evolucionismo Cultural** – textos de Morgan, Tylor e Frazer. Rio de Janeiro: Jorge Zahar, 2005, p. 78-80.

[32] Conforme o antropólogo Reinholdo Aloysio Ullmann, cultura "[...] significa o modus vivendi global de que participa determinado povo. Está incluída aí a maneira de agir, o que implica uma concepção ética; a maneira de pensar, o modo de sentir. O sentir, pensar e agir manifestam-se na linguagem, no código de leis seguido, na religião praticada, na criação estética. É o que se chama, tradicionalmente, de cultura não material. Ao mesmo tempo, porém, o modus vivendi se expressa nos instrumentos utilizados, bem como na maneira de obtê-los, nas vestimentas, nas habitações em que o homem busca abrigo. Cultura material é a designação que abrange esses itens. Há que dizer, para não deixar dúvidas, que todo comportamento humano-cultural não é herança genética, mas transmissão social." ULLMANN, Reinholdo Aloysio. **Antropologia:** o homem e a cultura. Petrópolis: Vozes, 1991, p. 84.

[33] CERTEAU, Michel de. **A invenção do cotidiano.** Rio de Janeiro: Vozes, 1994, p. 46.

[34] Em uma crítica, José Afonso da Silva afirma que "[...] a Constituição não ampara a cultura na extensão de sua concepção antropológica, mas no sentido de um sistema de referência à identidade, à ação, à memória dos diferentes grupos formadores da sociedade brasileira." SILVA, José Afonso. **Ordenação constitucional da cultura.** São Paulo: Malheiros, 2001, p. 35.

[35] CUNHA FILHO, Francisco Humberto. **Direitos culturais como direitos fundamentais no ordenamento jurídico brasileiro.** Brasília: Brasília Jurídica, 2000, p. 28.

[36] Interessante é o pensamento de Peter Häberle, que apresenta a Constituição – e o Direito – de um Estado sendo um fenômeno cultural, propondo uma teoria da Constituição como ciência da cultura. HÄBERLE, Peter. **Introducción a la Teoria de la Constitución como Ciencia de la Cultura.** Madrid, 2000. Ademais, o majestoso doutrinador alemão também expõe que "o âmbito material e funcional cultura é o terreno do qual emanam os direitos fundamentais culturais. Antes de tudo, isso [o que é cultura] pode ser determinado pelo mote da distinção entre os âmbitos político, econômico e social. Quanto mais árdua é uma definição positiva de cultura, tanto mais a pressupõem como óbvia nos textos constitucionais que se referem à cultura sem ulterior definição." (HÄBERLE apud CUNHA FILHO,

A cultura se divide em várias formas. Nessa oportunidade, destacam-se três, na visão de Teixeira Coelho.[37] Assim, tem-se a cultura erudita, que provém da pesquisa, dos estudos e da leitura, estando presente nos ambientes formais de educação. Na sequência, existe a cultura de massa, que é aquela produzida ou transmitida pelos meios de comunicação, atraindo uma grande quantidade de pessoas e/ou povos. E, por último, há a cultura popular, oriunda dos valores tradicionais e reiterados de um povo, demonstrada por meio de crenças, costumes etc.

Cabe destacar, neste subcapítulo, a aproximação da cultura com outras óticas, permitindo-se chegar à multiculturalidade, que é a união de duas ou mais culturas – de acordo com a ótica supracitada – em um mesmo plano. Essa unificação pode ser verificada em um limite territorial ou até no ambiente cibernético. Diferente do multiculturalismo, que atua

> Como a construção teórico-ideológica que busca lidar com as diferenças nas sociedades em que convivem múltiplas etnias. Ele postula que é necessário reconhecer e valorizar as diferenças étnicas e culturais, em vez de forçar sua diluição dentro da cultura da etnia dominante. Isso se fará, garantindo aos grupos minoritários o direito de viver suas próprias culturas.[38,39]

Humberto. **Cultura e democracia na Constituição Federal de 1988:** a representação de interesses e sua aplicação ao Programa Nacional de Apoio à Cultura. Rio de Janeiro: Letra Legal, 2004, p. 35.

[37] COELHO, José Teixeira. **Dicionário crítico de política cultural:** cultura e imaginário. São Paulo: Iluminuras, 1997.

[38] RODRIGUES, Antonio Greco. Multiculturalismo. In: DE MORAES, Dijon (Org.). **Cadernos de Estudos Avançados**: multiculturalismo. 2. ed. Barbacena: EdUEMG, 2013, p. 49. Disponível em: <http://www.ppgd.uemg.br/publicacoes/cadernos-de-estudos-avancados-em-design/>. Acesso em: 16 ago. 2017.

[39] Já para Paulo Groff e Rogério Pagel, o multiculturalismo pode ser observado sob outras orientações, pois "[...] a noção de multiculturalismo, em sentido amplo, pode mudar de um lugar para outro. Algumas pessoas veem o multiculturalismo como uma filosofia antirracista; outras, como uma maneira de reforma educacional; outras, como proteção da diversidade cultural e dos direitos das minorias, ou o veem como uma neutralidade, entendendo ser uma simples pluralidade de culturas. O multiculturalismo para pessoas diferentes pode significar coisas diferentes. No entanto, não importa o modo de vê-lo, mas sim de efetivá-lo como um fim social que está sempre em prol de direitos de certos grupos." GROFF, P.; PAGEL, Rogério. Multiculturalismo: Direitos das minorias na

Entretanto, nessa mesma discussão, Werner Jaeger[40] critica a significação do termo cultura na atualidade, pois a converteram em uma concepção comum, estendida a todos os povos da terra e com um viés estritamente antropológico descritivo, deteriorando esse termo pela negação da descrição grega originária. De acordo com o mesmo autor, a conceituação de cultura não observa mais os ideais próprios de humanidade, diante de valores, formas e manifestações de vidas de um povo, como era percebida na Grécia Antiga.

Mas é importante lembrar também das lições de Roque Laraia, já que

> O homem é o resultado do meio cultural em que foi socializado. Ele é um herdeiro de um longo processo acumulativo, que reflete o conhecimento e a experiência adquiridas pelas numerosas gerações que o antecederam. A manipulação adequada e criativa desse patrimônio cultural permite as inovações e as invenções. Estas não são, pois, o produto da ação isolada de um gênio, mas o resultado do esforço de toda uma comunidade.[41]

Nessa senda, diante do desenvolvimento dos povos, da globalização e das novas tecnologias impulsionadas no final do século XX e início do século XXI é possível observar, segundo Stuart Hall[42], uma suposta "crise de identidade cultural" no mundo e também no estado do Rio Grande do Sul.[43] Segundo o mesmo teórico:

---

era da globalização. **Revista USCS** – Direito, ano X, n. 16, jan./jun. 2009. Disponível em: < http://seer.uscs.edu.br/index.php/revista_direito/article/view/862/717>. Acesso em: 2 set. 2017, p. 10.

[40] JAEGER, Werner. **Paidéia:** a formação do homem Grego. trad. Artur M. Pereira. São Paulo: Martins Fontes, 1995.

[41] LARAIRA, Roque de Barros. **Cultura:** um conceito antropológico. 14. ed. Rio de Janeiro: Jorge Zahar, 2001, p. 45.

[42] HALL, Stuart. **A identidade cultural na pós-modernidade.** Tradução Tomaz Tadeu da Silva e Guacira Lopes Louro. 11. ed. Rio de Janeiro: DP&A, 2006, p. 1-10.

[43] Com essa concepção de "crise de identidade" é possível observar o deslocamento de indivíduos e comunidades perante as suas próprias manifestações culturais e artísticas, despertando preocupações presentes e futuras. Muitas vezes, isso resplandece no preconceito, em uma

> [...] Um tipo diferente de mudança estrutural está transformando as sociedades modernas no final do século XX. Isso está fragmentando as paisagens culturais de classe, gênero, sexualidade, etnia, raça e nacionalidade, que, no passado, nos tinham fornecido sólidas localizações como indivíduos sociais. Estas transformações estão também mudando nossas identidades pessoais, abalando a ideia que temos de nós próprios como sujeitos integrados. Esta perda de um "sentido de si" estável é chamada, algumas vezes, de deslocamento – descentração dos indivíduos tanto de seu lugar no mundo social e cultural quanto de si mesmos – constitui uma "crise de identidade" para o indivíduo.[44]

Portanto, em um perpétuo círculo vicioso, encontram-se a cultura e a sociedade, estando aquela intimamente ligada a essa. Nesse círculo, o ser humano, pertencente a essas sociedades/comunidades, é a máquina que movimenta as manifestações culturais, deixando heranças para o futuro e fortificando a presença do passado.

Nesse diapasão, a cultura também serve como identificação pessoal/psicológica/social de uma pessoa, devido a sua contemplação no/para/com o ser humano. O sentido do ser se contempla e perfectibiliza com essa identificação cultural. Dessa forma, com a inclusão – ou o (re)conhecimento – de novas culturas no cenário mundial, o homem aproximou-se de um intercâmbio cultural, concretizado pelas facilidades de locomoção e de informação.

Mas há também uma preocupação sobre essas diversidades culturais ou "monoculturas da mente", conforme salienta Vandana Shiva. Assim,

---

imagem negativa e de chacota por parte de outros grupos sociais, que não foram constituídos pela mesma atividade e identidade cultural. Isso é notório no estado do Rio Grande do Sul em relação às comunidades localizadas no interior do estado, que desde os primórdios foram sustentadas pela cultura do nativismo e da vida campesina, com a vivência de músicas e danças típicas, perante as diferenças comezinhas das comunidades urbanizadas e capitalizadas pela indústria.

[44] HALL, Stuart. **A identidade cultural na pós-modernidade**. Tradução Tomaz Tadeu da Silva e Guacira Lopes Louro. 11. ed. Rio de Janeiro: DP&A, 2006, p. 8.

> [...] reflete sobre as causas do desaparecimento da diversidade e o desafio de sua preservação, relacionando que a principal ameaça à vida em meio à diversidade, deriva do hábito de pensar em termos de monoculturas, denominados "monoculturas da mente". Essas monoculturas fazem desaparecer da percepção e consequentemente do mundo, alternativas de resistência e do enfrentamento do poder hegemônico. A não preservação da biodiversidade resulta nas reações em cadeia, de modo que o desaparecimento de uma espécie está relacionado à extinção de inúmeras outras com as quais está inter-relacionada por meio de redes e cadeias alimentares e sobre as quais a humanidade é totalmente ignorante.[45]

Mas, nesse diapasão, também aparecem novas realidades culturais, que necessitam de proteção ou regularização. Os direitos culturais emergem para proteger e promover a cultura e seus agentes, tanto na seara nacional, quanto na internacional, por meio de normas positivadas ou por princípios. E essa proteção, que tem matriz constitucional – e fundamental –, destina-se a assegurar as manifestações culturais e o patrimônio cultural.[46]

Diante disso, faz-se necessário conceituar o que são os direitos culturais. Todavia, sumariamente, indaga-se: o que é direito?

Por mais que o direito seja uma ciência ligada às ciências sociais e, por isso, suscite reflexões axiológicas e epistemoló-

---

[45] SILVA apud IRIGARAY, Micheli Capuano; MARTINS, Evilhane Jum. Sociobiodiversidade e biodemocracia: uma (re)aproximação do homem com a natureza. **Revista de Direito Ambiental e Socioambientalismo**, Brasília, v. 2, n. 1, p. 170-189, jan./jun. 2016. Disponível em: <http://www.indexlaw.org/index.php/Socioambientalismo/article/view/1051>. Acesso em: 20 out. 2017, p. 173.

[46] "Há uma ideia preocupante, derivada do consumismo e capitalismo selvagem, que caracteriza as políticas de desenvolvimento econômico do Estado, sem se preocupar com a preservação do meio ambiente e das matrizes culturais, que encontra (des)caminhos há anos. Assim, a partir da década de 1970 que veio à tona as discussões e as críticas sobre o avanço tecnológico e a apropriação de recursos naturais pela biopirataria." SANTILI, Juliana. Conhecimentos tradicionais associados à biodiversidade: elementos para a construção de um regime jurídico sui generis de proteção. In: DIAS, Marcelo Varella; PLATIAU, Ana Flávia Barros (Org.). **Diversidade Biológica e conhecimentos tradicionais**. Belo Horizonte: Del Rey, 2004, p. 349.

gicas, o grandioso positivista Hans Kelsen[47] considerou-o como uma expressão exclusivamente da norma, sendo corroborado por meio e a partir dela.[48]

Entretanto, o douto Miguel Reale[49] complementou a teoria desenvolvida por Kelsen. Segundo o jurista brasileiro, a norma tem caráter substancial para a ciência jurídica, mas ela deve ter uma lógica originária, que seria/é o fato, acrescido de um valor atributivo a ele. Com isso, no final, observa-se a norma como conciliadora do fato e do valor. Fechando esse ciclo, há a teoria da tridimensionalidade do direito.[50]

Em uma construção diferenciada das ideias positivistas supramencionadas, advém a ótica de Kant.[51] Para esse doutrinador, o direito tem uma conotação de moralidade e liberdade (com limitações). O filósofo ainda acrescenta que o direito é a liberdade, mas limitada pela presença de outras liberdades, que são as dos outros indivíduos. E essa liberdade é condicionada pelas leis gerais.[52]

Também em uma importante contextualização sobre o direito – ou também direitos, que remetem a pessoas portadoras de direitos –, Telles[53] contribui e assevera que os direitos são o

---

[47] KELSEN, Hans. **Teoria pura do Direito**. São Paulo. Ed. Martins Fontes, 2001.

[48] São as palavras do juspositivista: "[...] do ponto de vista do conhecimento racional existem somente interesses humanos e, portanto, conflito de interesses. Para solucioná-los, existem apenas dois caminhos: ou satisfazer um dos interesses à custa do outro, ou promover um compromisso entre ambos. Não é possível comprovar que somente uma, e não a outra solução, seja justa. Se se pressupõe a paz social como valor maior, a solução de compromisso pode ser vista como justa. Mas também a justiça da paz é uma justiça relativa, não absoluta." Ibidem, p. 23.

[49] REALE, Miguel. **Lições Preliminares de Direito**. 27. ed. São Paulo: Saraiva, 2005.

[50] Ademais, o mestre Miguel Reale leciona que "o direito é a concretização da idéia de justiça na pluridiversidade de seu dever-ser histórico, tendo a pessoa como fonte de todos os valores." Ibidem, p. 128.

[51] KANT, Immanuel. **A Metafísica dos Costumes**. Trad. Edson Bini. São Paulo: Edipro, 2003.

[52] "O direito é o conjunto de condições por meio das quais o arbítrio de um pode estar em acordo com o arbítrio de um outro, segundo uma lei universal da liberdade." Ibidem, p. 407.

[53] TELLES, V.P. Movimentos sociais e cultura política: notas sobre as (difíceis) relações entre pobreza, direitos e democracia. In: DINIZ, E. et al. **O Brasil no rastro da crise:** partidos, sindicatos, movimentos sociais, Estado, cidadania nos cursos dos anos 90. São Paulo: HUCITEC, 1994. p. 225-243, p. 92.

> [...] princípio regulador das práticas sociais, definindo regras das reciprocidades esperadas na vida em sociedade através da atribuição mutuamente acordada (e negociada) das obrigações e responsabilidades, garantias e prerrogativas de cada um.

Após a contextualização de uma possível concepção do direito[54], o trabalho passa à análise dos direitos culturais[55], diante do já aproveitamento histórico dos mesmos.

Há uma conceituação pontual dos direitos culturais, a qual o douto Humberto Cunha Filho traz em seu livro *Direitos Culturais como Direitos Fundamentais no Ordenamento Jurídico Brasileiro*. Assim, o doutrinador afirma que esses direitos são aqueles

> Afetos às artes, à memória coletiva e ao repasse de saberes, que asseguram aos seus titulares o conhecimento e o uso do passado, interferência ativa no presente e possibilidade de previsão e decisão das opções referentes ao futuro, visando sempre a dignidade da pessoa humana.[56,57]

---

[54] Pertinente é a observação que "[...] um direito é um bem jurídico – o qual, uma vez incorporado ao patrimônio humano, pode ser defendido contra tudo e todos, até mesmo contra o Estado. Nem sempre foi possível estabelecer a compreensão de que os direitos seriam oponíveis ao Estado. Primeiramente, porque nem sempre o Estado existiu. É certo que sempre existiram estruturas políticas de comando e de organização social, mas que não necessariamente eram caracterizadas como Estado." ALMEIDA, Daniela Lima de; CUNHA FILHO, Francisco Humberto. Direitos culturais e diversidade cultural. In: BARROS, José Márcio; KAUARK, Giuliana; MIGUEZ, Paulo (Org.). **Dimensões e desafios políticos para a diversidade cultural.** Salvador: EDUFBA, 2014, p. 199.

[55] É necessário observar o termo direito não só como ciência, mas também como garantias que um determinado povo, Estado ou pessoas têm. Ademais, a palavra direito também deve ser observada sob a ótica dos três poderes: o legislativo, o judiciário e o executivo.

[56] CUNHA FILHO, Francisco Humberto. **Direitos culturais como direitos fundamentais no ordenamento jurídico brasileiro**. Brasília: Brasília Jurídica, 2000, p. 34.

[57] Para o constitucionalista José Afonso da Silva, "[...] são a) o direito à criação cultural, compreendida as criações científicas, artísticas e tecnológicas; b) direito de acesso às fontes da cultura nacional; c) direito de difusão da cultura; d) liberdade de formas de expressão cultural; e) liberdade de manifestações culturais; f) direito-dever estatal de formação do patrimônio cultural brasileiro e de proteção dos bens de cultura." SILVA apud CUNHA FILHO, Francisco Humberto. **Direitos culturais como direitos fundamentais no ordenamento jurídico brasileiro**. Brasília: Brasília Jurídica, 2000, p. 32.

Em uma outra ótica, esses direitos também designam a liberdade que uma pessoa ou grupo tem de escolher e de demonstrar a(s) sua(s) identidade(s), além de assegurar aos mesmos o acesso às referências culturais e aos amparos necessários para se assumirem nas suas identidades, comunicações e mecanismos de criação. Dessa forma, a tutela que resplandece desses direitos atinge a capacidade dos sujeitos de se ligarem aos demais membros da mesma comunidade ou de aproximarem os saberes contidos nas obras desenvolvidas por esses grupos.[58]

Partindo para uma análise mais objetiva e positivista dos direitos culturais, a Constituição Cidadã traz no título VIII (da ordem social), capítulo III (da educação, da cultura e do desporto) e seção II (da cultura) dois únicos e principais dispositivos (artigos 215 e 216), que afirmam, sem restar dúvida, a existência do direito cultural em *terrae brasilis* e a preocupação do Estado em designar para seu povo os alicerces da cultura como forma de educar, cívica e primariamente, além de pactuar com os ideais republicanos.[59] Agindo assim, há a promoção do princípio-mor da dignidade da pessoa humana.

Nessa mesma senda, o Estado atua como grande protetor e provedor da cultura brasileira, sendo o principal responsável por garantir o pleno exercício, o acesso às fontes, a valorização e a difusão das manifestações culturais. Ademais, preocupa-se com o direito das minorias, protegendo as expressões dos indígenas e afro-brasileiros, mas também tutela outros grupos que integram o processo civilizatório nacional, como, por exemplo, o tradicionalismo gaúcho. Além disso, ressalva a importância da preservação cultural, incluindo datas comemorativas para os diferentes segmentos étnicos, com o reforço de lei que disporá sobre o assunto.[60]

---

[58] BIDAULT, Mylène; BISCH, Patrice Meyer (Org.). **Afirmar os direitos culturais**: comentário à declaração de Friburg. Tradução Ana Goldberg. São Paulo: Iluminuras, 2014.
[59] BRASIL. **Constituição da República Federativa do Brasil de 1988**. Casa Civil, Brasília, DF, 5 out. 1988. Disponível em: <http://www.planalto.gov.br/ccivil_03/constituicao/constitui%C3%A7ao.htm>. Acesso em: 8 ago. 2017.
[60] Ibidem.

A Carta da República[61] também disciplina sobre o patrimônio cultural brasileiro, com seus respectivos bens materiais e imateriais. Oportuna é a colaboração da comunidade, juntamente com o poder público em promover e proteger esse patrimônio, seja por meio de inventários e registros ou por tombamentos e desapropriações. Além disso, a própria Constituição ressalta que haverá incentivos à produção e ao conhecimento de bens e valores culturais por meio de lei.

Por tudo isso, procurou-se demonstrar as concepções de cultura e de direitos culturais, juntamente com seus respectivos patrimônios e bens, em uma visão clara e concisa para as demais análises no decorrer do escrito. Assim, os direitos culturais aparecem com segurança no direito brasileiro, resguardando toda e qualquer atividade que prospere em grupos e particulares com características culturais.

2.3 DIREITOS CULTURAIS COMO DIREITOS FUNDAMENTAIS

Faz-se necessário incorporar na discussão deste trabalho, a fundamentalidade dos direitos culturais. Como todo e qualquer direito estanque em um Estado, ou seja, que envolva as garantias de extrema importância para o desenvolvimento de um país, esses deverão estar positivados (ou ressalvados) na órbita dos direitos e garantias fundamentais, imperados pela Constituição, como é o caso do Estado brasileiro.

Para chegar à fundamentalidade dos direitos culturais, traz-se uma breve conceituação de direitos fundamentais. No entendimento de Paulo Bonavides[62], esses direitos legitimam o

---

[61] Ibidem.
[62] BONAVIDES, Paulo. **Curso de Direito Constitucional**. 12. ed. São Paulo: Malheiros, 2002.

Estado para a consecução de sua finalidade social, tendo como o primado axiológico da pessoa humana em um nível bem superior de juridicidade.[63]

Complementando a conceituação acima, Ingo Wolfgang Sarlet aduz que

> Os direitos fundamentais, como resultado da personalização e positivação constitucional de determinados valores básicos (daí seu conteúdo axiológico), integram, ao lado dos princípios estruturais e organizacionais (a assim denominada parte orgânica ou organizatória da Constituição), a substância propriamente dita, o núcleo substancial, formado pelas decisões fundamentais, da ordem normativa, revelando que mesmo em um Estado constitucional democrático se tornam necessárias (necessidade que se fez sentir da forma mais contundente no período que sucedeu à Segunda Grande Guerra) certas vinculações de cunho material para fazer frente aos espectros da ditadura e do totalitarismo.[64, 65]

Ademais, os direitos culturais se perfectibilizam também por estarem associados há alguns incisos do artigo 5º da Consti-

---

[63] Os direitos fundamentais também podem ser conceituados como "[...] a categoria jurídica instituída com a finalidade de proteger a dignidade humana em todas as dimensões. Por isso, tal qual o ser humano, tem natureza polifacética, buscando resguardar o homem na sua liberdade (direitos individuais), nas suas necessidades (direitos sociais, econômicos e culturais) e na sua preservação (direitos relacionados à fraternidade e à solidariedade)." ARAUJO, Luiz Alberto David; NUNES JÚNIOR, Vidal Serrano. **Curso de Direito Constitucional.** 9. ed. São Paulo: Saraiva, 2005, p. 109-110.

[64] SARLET, Ingo Wolfgang. **Dignidade da pessoa humana e direitos fundamentais na constituição federal de 1988.** 5. ed. Porto Alegre: Livraria do Advogado, 2005, p. 70.

[65] Ainda nessa discussão, os constitucionalistas Canotilho e Miranda afirmam que "possuem opinião convergente de que os direitos fundamentais podem ser reconhecidos tanto pelo seu conteúdo quanto pela forma. No que tange à forma, é necessário que estejam incluídos em uma Constituição para que sejam reconhecidos como direitos fundamentais. Quanto ao conteúdo, é considerado um direito fundamental se concorrer para a efetivação da dignidade da pessoa humana, que justifica a presença de qualquer direito em um ordenamento jurídico democrático." (CANOTILHO; MIRANDA apud NARCISO, Luciana Rocha. **Políticas públicas como Instrumento de realização dos direitos culturais previstos na CF/88:** estudo de caso – programa Curitiba lê. 2016, 113 f. Dissertação (Mestrado em Políticas Públicas) – Programa de Pós-Graduação em Políticas Públicas da Universidade Federal do Paraná, Curitiba, 2016, p. 26.

tuição Federal, como o IX e XIV[66], além do artigo 6º, "caput". No caso desse último, que versa sobre os direitos sociais, emerge o direito à educação, estando intimamente ligado à cultura. Assim, os direitos culturais são fundamentais – como a cultura –, não somente pela previsão escrita na Lei Maior, mas por estarem associados à dignidade da pessoa humana.[67,68]

Diante disso, a constitucionalização dos direitos fundamentais culturais solidificou-se com a Magna Carta de 1988. Sua efetivação se dá por meio de políticas públicas e sociais, que são exasperadas por leis infraconstitucionais. Portanto, esses direitos são considerados exigíveis desde a promulgação da Constituição, vinculando os administradores públicos federais, estaduais e municipais.[69]

Ao concluir que os direitos culturais são fundamentais, eles têm sua eficácia imediata, conforme suscitado acima. Dessa forma, possuem garantias especiais, quais sejam: 1) tutela específica em

---

[66] "Art. 5º, incisos: IV - é livre a manifestação do pensamento, sendo vedado o anonimato; VI - é inviolável a liberdade de consciência e de crença, sendo assegurado o livre exercício dos cultos religiosos e garantida, na forma da lei, a proteção aos locais de culto e as suas liturgias; IX - é livre a expressão da atividade intelectual, artística, científica e de comunicação, independentemente de censura ou licença; XIV - é assegurado a todos o acesso à informação e resguardado o sigilo da fonte, quando necessário ao exercício profissional; XXVII - aos autores pertence o direito exclusivo de utilização, publicação ou reprodução de suas obras, transmissível aos herdeiros pelo tempo que a lei fixar." BRASIL. **Constituição da República Federativa do Brasil de 1988.** Casa Civil, Brasília, DF, 5 out. 1988. Disponível em: <http://www.planalto.gov.br/ccivil_03/constituicao/constitui%C3%A7ao.htm>. Acesso em: 8 ago. 2017.

[67] CUNHA FILHO, Francisco Humberto. **Direitos culturais como direitos fundamentais no ordenamento jurídico brasileiro.** Brasília: Brasília Jurídica, 2000.

[68] Pontual observação de Jane Pereira ao referir-se que "[...] do ponto de vista formal, direitos fundamentais são aqueles que a ordem constitucional qualifica expressamente como tais. Já do ponto de vista material, são direitos fundamentais aqueles direitos que ostentam maior importância, ou seja, os direitos que devem ser reconhecidos por qualquer Constituição legítima. Em outros termos, a fundamentalidade em sentido material está ligada à essencialidade do direito para implementação da dignidade humana. Essa noção é relevante, pois, no plano constitucional, presta-se como critério para identificar direitos fundamentais fora do catálogo." PEREIRA, Jane. **Interpretação constitucional e direitos fundamentais:** uma contribuição ao estudo das restrições aos direitos fundamentais na perspectiva da teoria dos princípios. Rio de Janeiro: Renovar, 2006, p. 77.

[69] NARCISO, Luciana Rocha. **Políticas públicas como Instrumento de realização dos direitos culturais previstos na CF/88:** estudo de caso – programa Curitiba lê. 2016, 113 f. Dissertação (Mestrado em Políticas Públicas) – Programa de Pós-Graduação em Políticas Públicas da Universidade Federal do Paraná, Curitiba, 2016.

relação à derrogação do ordenamento, proteção que é exercida pela corte constitucional por meio de julgamentos especiais preferenciais; 2) pertinente à eficácia jurídica, tem aplicabilidade imediata, diferentemente do que pensa a doutrina, que defende a existência de normas fundamentais programáticas e; 3) tendo conteúdo especial, por serem direitos fundamentais, são decisões que as maiorias parlamentares não podem alterar ou modificar.[70]

Nessa linha de raciocínio, os direitos culturais formam o que a doutrina[71] chama de geração de direitos. Assim, esses direitos estão em todas as gerações dos direitos fundamentais. Em relação à primeira geração, estão fundados no valor da liberdade, como a liberdade de expressão artística (art. 5º, incisos IX, XXVII e XXVIII e LXXIII, da CF/88) e a proteção ao patrimônio cultural. Já na segunda geração, contemplam o valor da igualdade no tratamento de culturas, sem discriminações ou preconceitos; e na terceira geração, respeitam os valores da fraternidade.[72]

Como os direitos fundamentais têm proteção constitucional em *terrae brasilis*, as medidas processuais para efetivação ou tutela desses direitos são peculiares. Assim, tem-se

> [...] A ação civil pública, a ação popular, o mandado de segurança (individual e coletivo), o mandado de injunção, a ação de inconstitucionalidade (omissiva e comissiva), a

---

[70] CUNHA FILHO, Francisco Humberto. **Direitos culturais como direitos fundamentais no ordenamento jurídico brasileiro**. Brasília: Brasília Jurídica, 2000.

[71] Para o professor Marcelo Novelino, "[...] os direitos fundamentais não surgiram simultaneamente, mas em períodos distintos conforme a demanda de cada época, tendo esta consagração progressiva e sequencial nos textos constitucionais dado origem à classificação em gerações. Como o surgimento de novas gerações não ocasionou a extinção das anteriores, há quem prefira o termo dimensão por não ter ocorrido uma sucessão desses direitos: atualmente todos eles coexistem." NOVELINO, Marcelo. **Direito Constitucional**. 3. ed. São Paulo: Método, 2009, p. 362-364.

[72] SOUSA NETO, José Soares. O lugar do patrimônio cultural no direito brasileiro. In: ENCONTRO INTERNACIONAL DE DIREITOS CULTURAIS, I., 2012, Fortaleza. **Anais do I Encontro Internacional de Direitos Culturais**, Fortaleza/CE: Unifor, 2012. Disponível em: <http://direitosculturais.com.br/anais_interna.php?id=18>. Acesso em: 8 ago. 2017.

depender do caso concreto, bem como outras de natureza estruturante do próprio "Estado Democrático de Direito."[73]

Diante do exposto, buscou-se apresentar os direitos culturais como direitos fundamentais no ordenamento jurídico brasileiro, diante de suas garantias fornecidas pela Constituição Federal e, também, das questões pertinentes à defesa desses direitos ligados à cultura.

2.4 PRINCÍPIOS CONSTITUCIONAIS CULTURAIS

Nessa contextualização sobre os direitos culturais, insurge, na discussão, a base dessa seara do direito: os princípios constitucionais culturais. Esses princípios encontram guarida, conforme a própria titulação colabora, na Constituição Federal brasileira. Assim, antes de apresentá-los, é mister ponderar o que são princípios.[74]

Para Robert Alexy, os princípios[75] são diferentes das regras estritamente positivadas, então "el punto decisivo para a distinción entre reglas e princípios es que los principios son man-

---

[73] CUNHA FILHO, Francisco Humberto. **Direitos culturais como direitos fundamentais no ordenamento jurídico brasileiro.** Brasília: Brasília Jurídica, 2000, p. 55.

[74] O vocábulo princípio advém do latim *principium* o que remete a vários significados, destacando-se a ideia de começo, início, origem, ponto de partida, ou, inclusive, uma questão de verdade inicial, que se dá como base ou fundamento de algo. DICIO. **Dicionário online.** Disponível em: < https://www.dicio.com.br>. Acesso em: 27 abr. 2018.

[75] Interessante é a contribuição do professor Marcelo Garuppo, afirmando que "o estudo dos princípios jurídicos é um velho tema da Filosofia e da Teoria do Direito, e compreender corretamente como eles são aplicados, em especial pelos tribunais, não é importante apenas do ponto de vista técnico do operador jurídico, como também para lançar luzes sobre o fundamento ético do direito moderno." GARUPPO, Marcelo. Os princípios jurídicos no Estado Democrático de Direito: ensaio sobre o seu modo de aplicação. **Revista de informação legislativa**, v. 36, n. 143, p. 191-209, jul./set. 1999. Disponível em: < http://www2.senado.leg.br/bdsf/handle/id/514>. Acesso em: 20 ago. 2017, p. 191.

dados de optimización mientras que las reglas tienen el carácter de mandados definitivos."[76,77]

Dessa forma, o mestre Alexy corrobora que

> En tanto mandados de optimización, los princípios son normas que ordenan algo sea realizado en la mayor medida posible, de acuerdo con las posibilidades jurídicas y fácticas. Esto significa que pueden ser satisfechos en grados diferentes y que la medida ordenada de su satisfacción depende no solo de las posibilidades fácticas sino jurídicas, que están determinadas no solo por reglas sino también, essencialmente, por los principios opuestos.[78,79]

Outrossim, Ronald Dworkin contrapõe a visão de Alexy sobre os princípios. Para aquele

> Os princípios possuem uma dimensão que as regras não têm – a dimensão de peso ou importância. Quando os princípios se intercruzam (por exemplo, a política de proteção aos compradores de automóveis se opõe aos princípios de liberdade de contrato), aquele que vai resolver o conflito tem de levar em conta a força relativa de cada um. Esta não pode ser, por certo, uma mensuração exata e o julgamento que determina que um princípio ou uma política particular é mais importante que outra frequentemente será objeto de controvérsia. Não obstante, essa dimensão é uma parte integrante do conceito de um princípio, de modo que faz sentido perguntar que peso ele tem ou quão importante ele é.[80]

---

[76] ALEXY, Robert. **El concepto y la validez del derecho**. 2. ed. Barcelona: Gedisa, 1997, p. 162.

[77] Em simples tradução própria, entende-se: "o ponto decisivo para a distinção entre regras e princípios é que os princípios são normas que ordenam que algo seja realizado na maior medida possível."

[78] ALEXY, Robert. **El concepto y la validez del derecho**. 2. ed. Barcelona: Gedisa, 1997, p. 162.

[79] Continuando, entende-se com a tradução própria: "os princípios são mandamentos de otimização que estão caracterizados pelo fato de que podem ser cumpridos em diferentes graus e que a medida devida de seu cumprimento não só depende das possibilidades reais, senão também das jurídicas. O âmbito das possibilidades jurídicas é determinado pelos princípios e regras opostos."

[80] DWORKIN, R. M. **Levando os direitos a sério**. São Paulo: Martins Fontes, 2002, p. 38.

É possível verificar que os dois doutrinadores conceituaram os princípios levando-se em conta a comparação com as regras jurídicas. Essa questão é de extrema valia para um entendimento claro do que se é complexo. Dessa forma, passa-se a análise dos princípios constitucionais culturais.

Trata-se de cinco princípios, quais sejam: (1) o pluralismo cultural; (2) a participação popular; (3) a atuação estatal como suporte logístico; (4) o respeito à memória coletiva; (5) e a universalidade. Eles estão esculpidos na Magna Carta brasileira, doutrinados pelo mestre Humberto Cunha Filho[81], e serão expostos abaixo.

(1) O princípio do pluralismo cultural encontra-se no "caput" do artigo 215, em seu parágrafo 2º, e no "caput" do artigo 216 da Constituição Federal. Ele baseia-se na existência e expressão das diversas manifestações culturais, sem distinção, sem discriminação ou sem preferência de qualquer uma em relação à outra. Dessa forma, esse princípio "[...] incorpora os elementos do respeito, da alteridade e do contato entre as expressões culturais do globo."[82]

(2) Já o princípio da participação popular, que se encontra no parágrafo 1º do art. 216, tem garantia em aporte coletivo e individual. Esse princípio encobre as ideias iniciais de proposta legislativa, perpassando pela tutela judicial-processual, por meio de ações judiciais, como a ação popular, a ação civil pública e o mandado de segurança coletivo e, por fim, patrocina as causas dos cidadãos em Conselhos de Cultura.

(3) Em relação ao princípio da atuação estatal como suporte logístico, que está elencado no "caput" do artigo 215 da Constituição Cidadã, ele se consolida como um provedor do Estado em

---

[81] CUNHA FILHO, Francisco Humberto. **Direitos culturais como direitos fundamentais no ordenamento jurídico brasileiro.** Brasília: Brasília Jurídica, 2000.

[82] COSTA, Rodrigo Vieira. Cultura e patrimônio cultural na Constituição da República de 1988 – a autonomia dos direitos culturais. **Revista CPC**, São Paulo, n. 6, p. 21-46, maio/out. 2008, p. 37. Disponível em: <http://www.revistas.usp.br/cpc/article/viewFile/15623/17197>. Acesso em: 18 ago. 2017.

criar oportunidades para que a cultura seja manifestada, e ainda, que sejam preservadas as identidades culturais já existentes. Assim, o poder público não pode intervir de maneira arbitrária ou ideológica nos significados das realizações culturais.

(4) Quanto ao princípio do respeito à memória coletiva, ele reponta as atividades referentes às identidades culturais pertencentes às comunidades, consignadas em valores da memória coletiva. Também está presente no artigo 216 da Lei Maior.

(5) E, por fim, apresenta-se o princípio da universalidade, que advoga a ideia de que o exercício dos direitos culturais pertence a todos e está interligado com o princípio do pluralismo cultural, com viés de aceitar quaisquer formas de manifestação cultural e de não as distinguir, haja vista que é garantia da pessoa.

Neste subcapítulo, procurou-se apresentar os princípios constitucionais culturais, que são as bases para os direitos relacionados à cultura. Com isso, esses princípios tornam-se mais insignes por estarem esculpidos na Constituição Federal brasileira.

2.5 POLÍTICAS DE FOMENTO À CULTURA

Outrora analisadas as conjunturas primárias do presente capítulo, passa-se a expor as políticas de fomento à cultura. Foi necessário que houvesse posicionamentos ou atividades que identificassem, promovessem e defendessem as múltiplas nuances culturais no Brasil para somente assim haver um crescimento de investimentos nessa seara.

Assim sendo, será apresentada a contextualização teórica das políticas públicas[83] de fomento à cultura, a fim de corroborar o entendimento do tema. Entretanto, o que são políticas públicas?

---

[83] Lembra-se que essas políticas podem ter a parceria da iniciativa privada, como p. ex., leis que incentivam empresas com subsídios fiscais, e por meio de Parcerias Público-Privadas (PPP)

Pode-se, então, resumir política pública[84] como o campo do conhecimento que busca, ao mesmo tempo, "colocar o governo em ação" e/ou analisar essa ação (variável independente) e, quando necessário, propor mudanças no rumo ou curso dessas ações (variável dependente). A formulação de políticas públicas constitui-se no estágio em que os governos democráticos traduzem seus propósitos e plataformas eleitorais em programas e ações que produzirão resultados ou mudanças no mundo real.[85,86]

Diante disso, ao considerar as políticas públicas ligadas ao Estado na sua promoção, é importante trazer à baila, conforme Evans, Rueschmeyer e Skocpo, que, no mundo (pós) moderno, o poder público não está envolto em uma autonomia própria na promoção dessas políticas, mas atua com certa influência externa e

---

nos serviços públicos. Assim, segundo Ana Carla Reis, "a utilização das leis de incentivo à cultura fortaleceu a ideia da cultura como negócio. No Brasil, impulsionadas pelas leis de incentivo, muitas empresas optam pelo patrocínio das artes, utilizando o marketing cultural como uma ferramenta valiosa de comunicação com o público. Alguns dos objetivos buscados pelas empresas que investem em cultura são: o ganho de imagem institucional, agregação de valor à marca, reforço do papel social da empresa, obtenção de benefícios fiscais, retorno de mídia e aproximação do público-alvo." (REIS apud BELING, Jussara Janning Xavier. Políticas culturais. **Revista Ponto de vista**, Florianópolis, n. 6/7, p. 79-96, 2005. Disponível em: <https://periodicos.ufsc.br/index.php/pontodevista/issue/view/716/showToc>. Acesso em: 20 ago. 2017, p. 5.

[84] Separando política como "um conjunto articulado de decisões do governo visando fins previamente estabelecidos a serem atingidos através de práticas globalmente programadas e encadeadas de forma coerente" [...] e mais pública, como política pública, tem-se a "[...] intervenção estatal nas mais diferentes dimensões da vida social" AUGUSTO, M.H.O. Políticas sociais e políticas de saúde: algumas questões para reflexão e debate. **Tempo Social:** Revista de Sociologia da USP, São Paulo, v. 1, n. 2, 105-119, 1989, p. 106-107, atuando diretamente perante as pessoas de direito.

[85] SOUZA, Celina. Políticas Públicas: uma revisão da literatura. **Revista Sociologias**, Porto Alegre, ano 8, n. 16, jul./dez 2006, p. 20-45. Disponível em: <http://www.seer.ufrgs.br/index.php/sociologias/article/view/5605>. Acesso em: 20 ago. 2017, p. 26.

[86] Para Lia Calabre, as políticas públicas são "[...] decisões ordenadoras da ação do Estado sobre uma determinada área, que normatizam procedimentos, envolvem diferentes agentes em todo seu processo de elaboração e implementação e que para sua efetivação envolvem alocação de recursos humanos e financeiros. As políticas para as áreas da gestão pública são elaboradas seguindo uma lógica gerencial aplicada ao conjunto do governo." CALABRE, Lia. História das políticas culturais na América Latina: um estudo comparativo de Brasil, Argentina, México e Colômbia. **Revista Escritos da Fundação da Casa de Rui Barbosa**, Rio de Janeiro, ano 7, n. 7, 2013, p. 323-345. Disponível em: <http://www.casaruibarbosa.gov.br/escritos/numero07/escritos%207_12_historia%20das%20politicas%20culturais.pdf>. Acesso em: 20 ago. 2017, p. 324.

interna da sociedade e de outros Estados, mantendo uma interconectividade com vistas a fazer um bom trabalho em prol do país.[87]

Com a proposta de programas para as mudanças necessárias na área da cultura, existem as políticas culturais, que podem ser tanto públicas, quanto privadas. Assim sendo, a

> Política cultural é entendida habitualmente como programa de intervenções realizadas pelo Estado, instituições civis, entidades privadas ou grupos comunitários com o objetivo de satisfazer as necessidades culturais da população e promover o desenvolvimento de suas representações simbólicas. Sob este entendimento imediato, a política cultural apresenta-se assim como o conjunto de iniciativas, tomadas por esses agentes, visando promover a produção, a distribuição e o uso da cultura, a preservação e divulgação do patrimônio histórico e o ordenamento do aparelho burocrático por elas responsável.[88, 89]

Portanto, com a aproximação conceitual sobre cultura, nos primeiros momentos deste capítulo, que, diante de uma visão de Jorge Miranda[90], envolveria uma característica espiritual,

---

[87] EVANS, RUESCHMEYER E SKOCPO apud SOUZA, Celina. Políticas Públicas: uma revisão da literatura. **Revista Sociologias**, Porto Alegre, ano 8, n. 16, jul./dez 2006, p. 20-45. Disponível em: <http://www.seer.ufrgs.br/index.php/sociologias/article/view/5605>. Acesso em: 20 ago. 2017, p. 26.

[88] COELHO, José Teixeira. **Dicionário crítico de política cultural:** cultura e imaginário. São Paulo: Iluminuras, 1997, p. 293.

[89] Na visão de Lia Calabre em relação à iniciativa privada na cultura, aduz que "o processo de redemocratização, no Brasil, não trouxe reflexos imediatos nas formas de gestão da cultura por parte do governo federal. O país caminhou em direção ao modelo neoliberal que recomendava a presença de um Estado mínimo e a transferência dos centros decisórios para a iniciativa privada [...]" CALABRE, Lia. História das políticas culturais na América Latina: um estudo comparativo de Brasil, Argentina, México e Colômbia. **Revista Escritos da Fundação da Casa de Rui Barbosa**, Rio de Janeiro, ano 7, n. 7, 2013, p. 323-345. Disponível em: <http://www.casaruibarbosa.gov.br/escritos/numero07/escritos%207_12_historia%20das%20politicas%20culturais.pdf>. Acesso em: 20 ago. 2017, p. 335.

[90] MIRANDA apud QUEIROZ, Luiz Felipe Zilli. Direitos culturais e direitos autorais: a prioridade do tradicionalismo gaúcho como manifestação da cultura regionalista do Rio Grande do Sul. In: CUNHA FILHO, Francisco Humberto (Org.). **Conflitos culturais:** como resolver? como conviver? Coletânea. Fortaleza: IBDCult, 2016. Disponível em: <http://www.direitosculturais.com.br/artigos_interna.php?id=121>. Acesso em: 16 ago. 2017.

relacionada a bens não econômicos (naturais ou criados pelo humano), é necessário que haja atividades/ações/políticas para a promoção desses bens e manifestações culturais, ensejando um aperfeiçoamento no conhecimento, na/para participação e na/para vivência da sociedade nessas organizações culturais, perfectibilizando os princípios, já mencionados, da participação popular e da atuação estatal como suporte logístico.

Nesse diapasão, no contexto histórico das políticas culturais, é possível analisar o crescimento, gradativamente, dessas políticas na América Latina. A partir das décadas de 1920 e 1930[91], elas advêm da modernização dos Estados nacionais e ações na área da educação[92], as quais se aliavam à cultura. Já nos anos de 1960 a 1980, houve novas ações, mais limitadas e autoritárias, no campo da cultura. Essa contenção se deu porque nessa época muitos países da América do Sul tinham governos ditatoriais e militares. Com o término do regime militar, principalmente no Brasil, "[...]

---

[91] Nesses anos, foi de extrema valia a contribuição de Gustavo Capanema para o Estado brasileiro, que "[...] tem destaque no estudo de Políticas Públicas de Cultura porque, mesmo em meio a uma ditadura (era Vargas), é de sua administração a criação de vários órgãos de cultura, tais como: Instituto Nacional de Cinema Educativo (1936); Serviço de Radiodifusão Educativa (1936); Serviço do Patrimônio Histórico e Artístico Nacional (1937); Serviço Nacional de Teatro (1937); Instituto Nacional do Livro (1937) e Conselho Nacional de Cultura (1938). Contudo, para Rubim, Capanema inaugurou uma difícil tradição no país, que vem a ser a forte relação entre os governos autoritários e as políticas culturais, pois, para o autor, essa relação irá marcar substantivamente a história das políticas culturais brasileiras." NARCISO, Luciana Rocha. **Políticas públicas como Instrumento de realização dos direitos culturais previstos na CF/88**: estudo de caso – programa Curitiba lê. 2016, 113 f. Dissertação (Mestrado em Políticas Públicas) – Programa de Pós-Graduação em Políticas Públicas da Universidade Federal do Paraná, Curitiba, 2016, p. 47-48.

[92] Importante é a informação de Narciso, lembrando que "[...] o Ministério da Educação brasileiro foi criado em 1930, no governo de Getúlio Vargas, sob a denominação de Ministério da Educação e Saúde Pública, e era o órgão responsável pelos assuntos ligados à cultura. A instituição, como o próprio nome indica, acumulava atividades de competência de vários segmentos, e, além da saúde e da educação, ainda cuidava das questões do esporte e do meio ambiente. Antes disso os assuntos ligados à cultura eram tratados pelo Departamento Nacional do Ensino, ligado ao Ministério da Justiça. Na gestão de Gustavo Capanema (1934 a 1945), na Ditadura Vargas, o ministério contou com o auxílio de vários intelectuais e artistas da época, entre os quais Oscar Niemeyer, Cândido Portinari, Carlos Drummond de Andrade e Mario de Andrade que opinavam na elaboração de ações ligadas à cultura. Contudo, as ações idealizadas pelos artistas eram limitadas ao que o regime ditatorial vigente à época permitia que fosse realizado e veiculado." Ibidem, p. 47-48.

novas questões das políticas culturais vêm sendo incorporadas aos programas de governo, dentro da perspectiva da construção de sociedades mais democráticas e menos desiguais."[93]

Pensando nas políticas culturais no Brasil, é contundente se recordar do governo de José Sarney, com a criação do Ministério da Cultura em 1985. Esse Ministério enfrentou, desde o início, muitos problemas, muitas vezes relacionados à questão financeira e/ou administrativa. Dessa forma, houve uma grande política legislativa com cunhos culturais para capitanear recursos e alavancar os investimentos nas produções artístico-culturais. Assim, foi promulgada a Lei n.º 7.505 de 1986 ("Lei Sarney")[94], a qual previu incentivos fiscais para a área da cultura.[95, 96]

A "Lei Sarney", que ainda está em vigor, disciplina sobre o imposto de renda, com o abatimento da renda bruta ou despesa operacional em relação ao valor das doações e patrocínios às

---

[93] CALABRE, Lia. História das políticas culturais na América Latina: um estudo comparativo de Brasil, Argentina, México e Colômbia. **Revista Escritos da Fundação da Casa de Rui Barbosa**, Rio de Janeiro, ano 7, n. 7, 2013, p. 323-345. Disponível em: <http://www.casaruibarbosa.gov.br/escritos/numero07/escritos%207_12_historia%20das%20politicas%20culturais.pdf>. Acesso em: 20 ago. 2017, p. 323.

[94] Segundo Rubim, "governo admitia a carência de recursos públicos para o setor, ao reduzir seu financiamento direto, mas observava que as verbas alternativas deveriam ser buscadas no mercado" (RUBIM apud DIAS, Rodrigo Manoel Dias da. As políticas culturais brasileiras na contemporaneidade: mudanças institucionais e modelos de agenciamento. **Revista Sociedade e Estado**, v. 29, n. 1, jan./abril 2014. Disponível em: <http://www.scielo.br/scielo.php?pid=S0102-69922014000100011&script=sci_abstract >. Acesso em: 2 abr. 2018, p. 202.

[95] CALABRE, Lia. História das políticas culturais na América Latina: um estudo comparativo de Brasil, Argentina, México e Colômbia. **Revista Escritos da Fundação da Casa de Rui Barbosa**, Rio de Janeiro, ano 7, n.º 7, 2013, p. 323-345.. Disponível em: <http://www.casaruibarbosa.gov.br/escritos/numero07/escritos%207_12_historia%20das%20politicas%20culturais.pdf>. Acesso em: 20 ago. 2017, p. 323.

[96] Para a douta Lia Calabre, naquela época "o objetivo do governo era o de buscar superar as dificuldades financeiras que o campo da administração pública federal da cultura sempre enfrentou. O orçamento ficava quase que completamente comprometido com a administração do Ministério e de seus órgãos vinculados. Tinha início um período que ficou marcado pelo predomínio da presença das leis de incentivo à cultura, que se estendeu até o início dos anos 2000, no qual o eixo decisório foi deslocado do Estado para as empresas que patrocinavam as atividades através do processo de isenção fiscal." Ibidem, p. 335.

pessoas jurídicas de natureza cultural, nos respectivos percentuais mencionados na legislação.[97]

Nesse contexto, outra lei federal infraconstitucional que necessita ser abordada no presente trabalho é a "Lei Rouanet" (Lei n°. 8.313/91). Essa legislação também condiciona uma postura de reciprocidade entre o poder público com a sociedade, já que ela prevê, da mesma forma que a "Lei Sarney", benefícios fiscais para quem deduzir de seus impostos em prol da cultura.[98] Com isso, ela abrange mais possibilidades, sendo facultado ao contribuinte deduzir do imposto de renda as doações ou patrocínios despendidos às pessoas físicas e jurídicas, de acordo com os projetos elencados na própria lei.[99]

Ademais, pode-se ressaltar outras políticas de matriz legislativa e constitucional. Assim, em agosto de 2005, foi publicada a Emenda Constitucional n.º 48, que criou o Plano Nacional de Cultura, que foi estendido por meio de lei (Lei. n.º 12.343/10)[100].

---

[97] BRASIL. Lei n.º 7.505 de 2 de julho de 1986. **Dispõe sobre benefícios fiscais na área do imposto de renda concedidos a operações de caráter cultural ou artístico.** Casa Civil, Diário Oficial da União, Brasília, DF, 2 jul. 1986. Disponível em: <http://www.planalto.gov.br/ccivil_03/leis/L7505.htm>. Acesso em: 20 ago. 2017.

[98] No entanto, para Rodrigo da Silva, "embora o incentivo fiscal seja uma estratégia que pode trazer benefícios às pessoas envolvidas, dois problemas acompanham tal expediente: a exclusividade desta estratégia como política cultural de governo reduz o poder de intervenção do Estado no setor, bem como a potencial intervenção do mercado realiza-se sem utilização importante de recursos privados, apenas com recursos de renúncia fiscal (Rubim, 2011). O Estado omite-se assim de um papel mais propositivo nas temáticas do setor, caracterizando uma evidente retração de sua ação (estatal). Em todo caso, observamos um movimento de reversão à tendência das políticas culturais efetuadas no período histórico anterior, as quais estavam baseadas na responsabilização institucional das iniciativas políticas e, neste momento, desde a consolidação das leis de incentivo e iniciativas correlatas, os próprios atores responsabilizam-se pela busca de recursos, em fontes diversas, que subsidiem seus projetos culturais, havendo, pois, uma responsabilização individual." SILVA, Rodrigo da. As políticas culturais brasileiras na contemporaneidade: mudanças institucionais e modelos de agenciamento. **Revista Sociedade e Estado**, v. 29, n. 1, jan./abril 2014, p. 202.

[99] BRASIL. Lei n.º 8.313 de 23 de dezembro de 1991. **Restabelece princípios da Lei nº 7.505, de 2 de julho de 1986, institui o Programa Nacional de Apoio à Cultura (Pronac) e dá outras providências.** Casa Civil, Diário Oficial da União, Brasília, DF, 23 dez. 1991. Disponível em: <http://www.planalto.gov.br/ccivil_03/leis/L8313cons.htm>. Acesso em: 20 ago. 2017.

[100] É de extrema importância para este trabalho a previsão, nesse Plano Nacional de Cultura, das políticas tributárias culturais, conforme ponto 1.8.1 a 1.8.4, do Capítulo I, do anexo previsto na legislação, que diz: "1.8.1) Revisar a legislação tributária aplicada às indústrias da cultura, especialmente

Nesse plano as prioridades são: a defesa e a valorização do patrimônio cultural brasileiro; a promoção, a produção e a difusão de bens culturais; a formação de pessoal qualificado para a gestão da cultura em suas múltiplas dimensões; a democratização do acesso aos bens de cultura e; a valorização da diversidade étnica e regional.[101]

Na mesma ideia, o Congresso Nacional criou a Emenda Constitucional n.º 71 de 2012, instituindo o Sistema Nacional de Cultura, colocando lado a lado a sociedade e entes da Federação para proporem políticas públicas de fomento ao desenvolvimento humano, social e econômico com o exercício pleno dos direitos fundamentais. Com isso, alguns princípios que guiam esse sistema são estabelecidos:

> Diversidade das expressões culturais; universalização do acesso aos bens e serviços culturais; fomento à produção, difusão e circulação de conhecimento e bens culturais; cooperação entre os entes federados, os agentes públicos e privados atuantes na área cultural; integração e interação na execução das políticas, programas, projetos e ações desenvolvidas; complementaridade nos papéis dos agentes culturais; transversalidade das políticas culturais; autonomia dos entes federados e das instituições da sociedade civil; transparência e compartilhamento das

---

os segmentos do audiovisual, da música e do livro, levando em conta os índices de acesso em todo o território nacional e o advento da convergência digital da mídia, sem prejuízo aos direitos dos criadores; 1.8.2) Instituir instrumentos tributários diferenciados para beneficiar a produção, difusão, circulação e comercialização de bens, produtos e serviços culturais; 1.8.3) Criar políticas fiscais capazes de carrear recursos oriundos do turismo em benefício dos bens e manifestações de arte e cultura locais; 1.8.4) Criar regras nacionais de tributação adequadas à especificidade das atividades artísticas e culturais itinerantes." BRASIL. Lei n.º 12.343 de 2 de dezembro de 2010. **Institui o Plano Nacional de Cultura - PNC, cria o Sistema Nacional de Informações e Indicadores Culturais - SNIIC e dá outras providências.** Casa Civil, Diário Oficial da União, Brasília, DF, 2 dez. 2010. Disponível em: <http://www.cultura.gov.br/documents/10907/963783/Lei+12.343++PNC.pdf/e9882c97-f62a-40de-bc74-8dc694fe777a>. Acesso em: 20 ago. 2017.

[101] BRASIL. Emenda Constitucional n.º 48. **Acrescenta o § 3º ao art. 215 da Constituição Federal, instituindo o Plano Nacional de Cultura.** Casa Civil, Brasília, DF, 10 ago. 2005. Disponível em: <http://www.planalto.gov.br/ccivil_03/constituicao/emendas/emc/emc48.htm>. Acesso em: 8 ago. 2017.

informações; democratização dos processos decisórios com participação e controle social; descentralização articulada e pactuada da gestão, dos recursos e das ações; ampliação progressiva dos recursos contidos nos orçamentos públicos para a cultura.[102]

Não se pode deixar de abarcar as políticas culturais advindas dos governos de esquerda no início do século XXI no Brasil:

> [...] mudanças político-institucionais atinentes às ações de governo à cultura, intensificadas na gestão presidencial de Lula, tiveram como diretrizes: a reinserção da cultura na pauta política da nação, a interiorização destas iniciativas e a pluralização identitária. Tais modificações têm reorientado a ação dos diversos atores atuantes no setor. Secretarias municipais de cultura foram criadas, fundações passaram por consideráveis atualizações para ajustar-se a modelos normativos e operativos nacionais, diversos agentes profissionalizaram-se em produção cultural ou em gestão política da cultura, ou mesmo a produção de projetos tornou-se uma técnica de vida.[103]

Ademais, é notório que a União, sumariamente, preocupou-se com a cultura nacional e, sabiamente, criou esses mecanismos de incentivo a ela, donde a sociedade como um todo sai beneficiada e os contribuintes, nos casos das leis tributárias beneficiadoras, mais satisfeitos. Assim sendo, mais arrecadação direta provém aos cofres do Plano Nacional de Cultura, para projetos futuros, e do Sistema Nacional de Cultura, com sua estruturação.

Diante das múltiplas facetas envolvendo a cultura, o presente capítulo procurou expor essa "necessidade por cultura"

---

[102] BRASIL. Emenda Constitucional n.º 71. **Acrescenta o art. 216-A à Constituição Federal para instituir o Sistema Nacional de Cultura.** Casa Civil, Brasília, DF, 29 nov. 2012. Disponível em: <http://www.planalto.gov.br/ccivil_03/constituicao/emendas/emc/emc71.htm>. Acesso em: 8 ago. 2017.

[103] DIAS, Rodrigo Manoel Dias da. As políticas culturais brasileiras na contemporaneidade: mudanças institucionais e modelos de agenciamento. **Revista Sociedade e Estado**, v. 29, n. 1, jan./abril 2014, p. 199.

na sociedade atual, com as suas conceituações, já que com elas achamos o seu alcance, além de sua contextualização histórica, com a consequente juridicização, voltada para uma ótica constitucional, fundamental e principiológica dos direitos culturais, diante das políticas públicas (privadas também) envolvendo essa seara.

CAPÍTULO 3

O DIREITO TRIBUTÁRIO BRASILEIRO E AS IMUNIDADES TRIBUTÁRIAS

Na contemporaneidade, é quase que inevitável a insurgência de diversas áreas científicas, em uma mesma linha de defesa, para a consecução de objetivos que beneficiem a sociedade. Não diferente disso encontra-se o direito, que conforme já verificado, é uma ciência social aplicada e encontra-se empático com as demais searas específicas na promoção do bem comum, e também no fortalecimento da cultura nacional e estrangeira.

Dessa forma, após a análise sobre os direitos culturais no capítulo acima, passa-se a explorar neste tópico do livro o direito tributário e as isenções/imunidades tributárias. O primeiro necessita de uma desconstituição da sua visão clássica, já que a área tributária é semelhante à penal, sendo alocado a uma interpretação mais literal e restrita. Em relação à segunda, essas imunidades devem ser contextualizadas em uma ótica genérica, englobando as limitações do poder de tributar previstas na Constituição Federal, mas também com vieses nas isenções fiscais, que têm matriz infraconstitucional.

Sumariamente, é importante trazer à baila uma breve concepção de direito tributário, com a respectiva fonte dessa seara do direito. Assim, esse direito é a "disciplina jurídica dos tributos, abrangendo todo o conjunto de princípios e normas reguladores da criação, fiscalização e arrecadação das prestações de natureza tributária."[104,105]

---

[104] AMARO, Luciano. **Direito tributário brasileiro.** 20. ed. rev. e atual. São Paulo: Saraiva, 2014, p. 24.

[105] Também pode ser conceituado como o "ramo do Direito que envolve o fisco e as pessoas sujeitas a imposições tributárias de qualquer espécie, limitando o poder de tributar e protegendo o

Interessante é a contribuição de Aires Barreto ao afirmar que

> [...] já se disse que o Direito Tributário é um capítulo do Direito Administrativo. Poder-se-ia dizer, também, que é parte do Direito Financeiro ou, ainda, mais amplamente, que é trecho do Direito Público. O que importa, todavia, é que o Direito Tributário deve ser visto como ramo didaticamente autônomo do Direito que tem por instituto aglutinador o tributo.[106]

Quanto às fontes do direito tributário, ele pode ser dividido em fontes materiais e formais. Em relação às primeiras, conclui-se pelas considerações fáticas envolvendo a tributação, como a incidência tributária no patrimônio, na renda e nos serviços, diante da composição do fato gerador[107] da obrigação tributária prevista na norma jurídica (mundo dos fatos). Já a segunda é oriunda da criação normativa, ou seja, da tutela jurisdicional em matéria tributária, diante das leis materiais e processuais sobre tributos. Nesse último caso, encontra-se amparada pela Constituição Federal, pelas emendas constitucionais, por leis complementares, leis ordinárias, leis delegadas, medidas provisórias, decretos legislativos, resoluções e, também, pelos tratados e convenções internacionais (mundo jurídico).[108]

Então, nessa sequência, o presente capítulo abordará os aspectos históricos da tributação no direito e no Brasil, perpassando pelo Sistema Tributário Nacional e pela competência para

---

cidadão contra abusos desse poder." (MACHADO, Hugo de Brito. **Curso de direito tributário**. 24. ed. São Paulo: Malheiros, 2004, p. 59).

[106] BARRETO, Aires F. **Curso de direito tributário municipal**. 2. ed. São Paulo: Saraiva, 2012, p. 17.

[107] Na visão de Claudio Carneiro, "o fato gerador é um instituto típico do Direito Tributário, que se origina como uma situação hipotética prevista pelo legislador (transformada em lei), que, uma vez ocorrida, deixa de ser abstrata para ser concreta, enquadrando-se na tipicidade tributária, e gerando para quem a praticou o dever de pagar tributos. É o perfeito enquadramento da conduta do 'contribuinte' na hipótese prevista na lei, ensejando o nascimento da obrigação tributária, tal como tipicidade tributária, similar à tipicidade penal." CARNEIRO, Claudio. **Curso de direito tributário e financeiro**. 4. ed. São Paulo: Saraiva, 2012, p. 484-485.

[108] HARADA, Kiyoshi. **Direito financeiro e tributário**. 25. ed. rev., atual. e ampl. São Paulo: Atlas, 2016.

tributar. Na sequência, serão expostos os princípios constitucionais tributários, que perfectibilizam o pacto com os direitos culturais na defesa desse trabalho, e as espécies de tributos existentes em *terrae brasilis*, com a incursão da tributação municipal. Por fim, serão contempladas a imunidade tributária e a isenção fiscal.

3.1 ASPECTOS HISTÓRICOS DA TRIBUTAÇÃO NO DIREITO E NO BRASIL

Faz-se necessário o reconhecimento histórico do direito tributário para se chegar a uma conclusão (pós) moderna dessa seara do direito. A história demonstra o caminho, o alcance e a conceituação do fenômeno chamado tributação, que reponta ao início da civilização. Assim, serão analisadas, primeiramente, sua contextualização universal e, posteriormente, sua aproximação local no Brasil.[109]

Nos primórdios da civilização[110], havia pequenas e isoladas comunidades de povos que eram nômades, não sustentando uma identidade étnica clara, da qual corroborava guerras e batalhas. Os membros dessas comunidades ajudavam-se reciprocamente, contribuindo para o bem-estar do corpo social. No entanto, nesses pequenos grupos, sempre havia pessoas mais fortes, que se destacavam por sua valentia e coragem, oportunizando a defesa e proteção do restante do povo quando ocorriam revoltas. Dessa

---

[109] Para Antonio Nicácio, "[...] se a história do tributo se confunde com a própria história do Estado, como sociedade organizada, a atividade tributária, historicamente, sempre foi exercida pelos governos, sem exceção, de forma assistemática, desorganizada, com a cobrança dos tributos, de regra, feita à base da força bruta. Neste sentido, inclusive, o tributo na remota Antiguidade, tinha muito mais o sentido de cobrança imposta pelos vencedores aos vencidos em guerras de conquistas." NICÁCIO, Antonio apud BALTHAZAR, Ubaldo César. História do Tributo no Brasil. Florianópolis: Fundação Boiteaux, 2005, p. 18.

[110] Pertinente é a contribuição de Carlos Ferrari, aduzindo que "os primeiros registros da cobrança de impostos são do Egito Antigo, cerca de 10.000 a.c." FERRARI, Carlos Gilberto Melchior Rodrigues Sansalone. **História do Direito Tributário:** Da origem a aplicação no Brasil. Disponível em: <https://www.portaleducacao.com.br/conteudo/artigos/direito/historia-do-direito-tri-butario-da-origem-a-aplicacao-no-brasil/47915>. Acesso em: 20 ago. 2017, s/p.

forma, com a existência desses líderes e em troca de tal proteção, os integrantes do grupo doavam alimentos, armas e vestuário ao líder como forma de agradecimento. Assim, surgiam as primeiras formas de tributação, estatuídas, primordialmente, como indenização ou reparação de guerras.[111]

Nessa senda, Edson Luís da Silva contribui que

> Cabiam a tais lideres as funções de administração, liderança do grupo, solução de conflitos e de garantia da paz. Provavelmente se encontre aí, a mais primitiva ideia de Estado, surgida no momento em que um indivíduo coloca-se ou é colocado a serviço do interesse coletivo. E, por consequência os membros do grupo a principio, voluntariamente, procuravam retribuir ao líder os favores prestados em torno de interesse de todos, oferecendo presente ou garantindo seu sustento, fazendo aparecer a ideia de tributo, por representar aquilo que se entrega ao chefe.[112]

Perpassando para a substituição do tributo como meio de agradecimento ou em relação à obrigação pela força, conforme supramencionado, tem-se sua caracterização pela razão, diante da coletividade existente nas cidades-estados da Grécia Antiga. Diante disso, surgem as primeiras legislações gregas sobre a cobrança de tributos, como meio de defesa do bem coletivo, sendo cobrado de forma pacífica e em dinheiro[113], demonstrando um caráter excepcionalmente social – mantença das cidades.[114]

---

[111] MEIRA, Edelsilene Lopes de. **Educação Fiscal**. 2011, 58 f. Monografia (Bacharel em Direito) – Graduação em Direito da Universidade Vale do Rio Doce, Governador Valadares, 2011.

[112] SILVA, Edson Luís apud CORREIA, Emanuelle Araujo. Evolução histórica do tributo: limitação do poder de tributar. **Revista Diritto & Diritti**, Itália, p. 1-14, fev. 2010. Disponível em: <https://www.diritto.it/evolucao-historica-do-tributo-limitacao-do-poder-de-tributar/>. Acesso em: 20 ago. 2017, p. 1.

[113] Conforme Balthazar, nem sempre a cobrança era em dinheiro, já que "as imposições internas, sob o aspecto econômico, evoluíram lentamente, passando de prestações em trabalho (tributum in labore) para prestações em espécie (tributum in natura) e depois em dinheiro (tributum in pecúnia). Segundo uma visão política, elas passaram de contribuições forçadas para contribuições definidas em lei." BALTHAZAR. **História do Tributo no Brasil**. Florianópolis: Fundação Boiteaux, 2005, p. 20.

[114] MEIRA, op. cit.

Outra característica presente no tributo do Mundo Antigo era o dízimo, que conforme Oliveira, já estava presente

> [...] Entre os hebreus, segundo a Lei Mosaica, deviam ser tributados os dízimos e primícias para o culto divino. Entre muitos povos antigos, prevalecera o costume de ofertar a décima parte dos bens da terra para o culto da divindade, ou seja, ao príncipe e ao sacerdote que o representava ou o ministrava. [...] No Egito pagavam-se ao príncipe os dízimos dos produtos da terra, no tempo dos Ptolomeus, e provavelmente também na época dos antigos Faraós. Quando José anuncia ao Faraó sete anos de abundância a que seguirão sete outros de carestia, ele lhe recomenda receber durante os sete primeiros anos o quinto dos produtos da terra, isto é, o duplo dízimo, na previsão do período seguinte, durante o qual não seriam possíveis os impostos.[115]

Nesse diapasão, o tributo ganhou consistência no Império Romano, com uma política fiscal mais organizada. Nessa época é que, concretamente, exsurgiu o vocábulo em latim *tributum*. Para conceituá-lo em uma ótica singular, sem envolvimento legal, é importante a colaboração de Franco, que aduz significar os verbos dar, presentear e conceder, mas também fazer elogios. Segundo Amed e Negreiros[116], tributo

> [...] designava primitivamente as exigências em bens ou serviços que as tribos vencedoras faziam às tribos vencidas. Posteriormente, essas exigências passaram a ser feitas à própria sociedade.[117]

Então, o imposto era o principal tributo pago no Império Romano e tinha como incidência casos envolvendo guerras, já que

---

[115] AMED, Fernando José; NEGREIROS, José Labriola de Campos. **História dos tributos no Brasil**. São Paulo: edição SINAFRESP, 2000, p. 21.

[116] Ibidem, p. 22.

[117] Em uma visão moderna de tributo, este seria "a prestação pecuniárias não sancionatória de ato ilícito, instituída em lei e devida ao Estado ou a entidades não estatais de fins de interesse público." AMARO, Luciano. **Direito tributário brasileiro**. 20. ed. rev. e atual. São Paulo: Saraiva, 2014. p. 7.

era um dever do cidadão contribuir com o Império nos momentos conflituosos. Assim, o Senado definia o valor a ser cobrado, mas essas "contribuições" eram ressarcidas ao povo romano, quando havia presos de guerra ou cidadãos de outros estados que fossem vencidos nessas batalhas, haja vista que deveriam pagar tributos ao Estado vencedor. Portanto, o tributo para o cidadão de Roma era um empréstimo ao Estado, que seria devolvido com a conquista de novos territórios. Essa ideia foi extinta quando os romanos conquistaram a Macedônia (168 a.C.).[118]

Na sequência, com a aproximação do feudalismo, o tributo ainda imperava, mas de outra forma. Segundo Amed e Negreiros, nessa época

> [...] A sociedade dividia-se entre o servo da gleba e o senhor feudal. Em cada feudo havia as terras dos servos e as terras senhoriais. Cada servo dava ao senhor feudal parte de tudo o que produzia como pagamento pela utilização das instalações do feudo, como era o caso das pontes, das estradas, dos fornos e dos moinhos e pela proteção em caso de guerra. Além disso, os servos tinham outras obrigações como a Corvéia e as Redevances. Corvéia era o trabalho forçado de servos nas terras senhoriais; em geral, três dias por semana e as Redevances eram retribuições pagas em produtos ou dinheiro, como a talha (parte da produção), banalidades (presentes obrigatórios), taxa de casamento (se o servo casava-se com mulher de fora do Domínio), mão-morta (tributo pela transmissão de herança). Havia também o dízimo que era pago a Igreja Católica.[119]

Logo após o período histórico do feudalismo, a figura da tributação transitou sem características próprias na Idade Média,

---

[118] GOHARA, Marcio Shinichi; OLIVEIRA, Joice Aparecida de; SANTOS, Miriane Vanessa dos. **ICMS substituição tributária e seu impacto na formação de preços e na necessidade de capital de giro das empresas**. 2013, 92 f. Trabalho de Conclusão de Curso (Graduação em Ciências Contábeis)–Centro Universitário Eurípides de Marília – UNIVEM, Marília, 2013.

[119] AMED; NEGREIROS apud GOHARA, Marcio Shinichi; OLIVEIRA, Joice Aparecida de; SANTOS, Miriane Vanessa dos., op. cit., p. 19-20.

pois advinha do rei a cobrança de tributos, não havendo uma separação das riquezas reais com a arrecadação do erário público, ou seja, confundiam-se. Somente após a Revolução Francesa que se estatuiu o imposto, uma derivação estatal e coercitiva, oriunda de uma noção de orçamento público, desassociando o patrimônio do governante com a riqueza pública.[120,121]

Diante dessa análise internacional da história da tributação, passa-se a explorar essa contextualização histórica no Estado brasileiro, perpassando pelo Brasil colônia até os dias atuais.

Na época pré-colonial, não havia uma incidência clara de algum tributo no Brasil, pois não havia sociedades customizadas, como no padrão europeu. Assim, como os portugueses descobriram que havia muito pau-brasil no "Novo Mundo", o Rei de Portugal liberou a exploração dessa madeira, tendo em vista que era muito utilizada e valorada pelos países da Europa. No entanto, essa concessão deveria ter uma retribuição à Coroa, por meio de pagamento do quinto do pau-brasil, mais a construção de fortes ao longo do litoral. Essa era a primeira forma de tributação introduzida por Portugal em Pindorama.[122]

Uma forma de tributação mais clara foi estatuída pelo Rei de Portugal na época das Capitanias Hereditárias[123], com a cobrança

---

[120] BALTHAZAR, Ubaldo César. **História do Tributo no Brasil**. Florianópolis: Fundação Boiteaux, 2005.

[121] Durante a idade média, houve movimentos que debatiam e contestavam as ações arbitrárias dos reis, no tocante aos impostos. Assim, na Espanha, as Cortes de Leão, no ano de 1188, consagraram o princípio de que os impostos deveriam ser votados pelos delegados dos contribuintes; em Portugal, as Cortes de Lamengo, em 1413, para consulta dos impostos necessários; na França, ocorreram as assembleias dos Estados Provinciais, para consentimento de tributos; e o principal acontecimento, que foi a Magna Carta de 1215, contra o "João sem Terra", a qual consignou o princípio de que nenhum tributo poderia ser cobrado sem o consentimento do conselho do reino. HARADA, Kiyoshi. **Direito financeiro e tributário**. 25. ed. rev., atual. e ampl. São Paulo: Atlas, 2016.

[122] BALTHAZAR, Ubaldo César. **História do Tributo no Brasil**. Florianópolis: Fundação Boiteaux, 2005.

[123] Com o medo de invasões de outros povos, Portugal decidiu aperfeiçoar a colonização no Brasil com uma crescente povoação, por meio das capitanias hereditárias, que era a "[...] concessão de lotes de terra a particulares, por meio das cartas de doação, e as cartas de foral, que, além de preverem a povoação da colônia, determinavam direitos, foros, tributos e coisas que se pagariam ao Rei, ao Capitão-Mor (encarregado de arrecadar os tributos) e ao governador." BALTHAZAR, Ubaldo César. **História do Tributo no Brasil**. Florianópolis: Fundação Boiteaux, 2005, p. 37.

de impostos sobre a exploração de pedras preciosas, dos produtos plantados e colhidos das terras, da atividade com o pau-brasil, do imposto sobre a terra nua capitaneada, e as taxas alfandegárias para navegações, tanto pela permanência de embarcações em portos, quanto pelas mercadorias que transportavam.[124] Ademais, incidiam impostos também sobre a produção de açúcar e acerca da comercialização de escravos.[125]

No início do século XIX, aproximadamente em 1808, começou o período imperial no Brasil, com a vinda da família real. Com isso, ocorreu uma inovação da tributação em *terrae brasilis*, já que o Príncipe Dom João VI promulgou a Carta Régia, que previu novos impostos. Segundo Balthazar

> A Carta Régia de 28 de janeiro de 1808 estabeleceu a liberdade de comércio de quaisquer gêneros, fazendas e mercadorias transportadas ou em navios estrangeiros às nações que se conservassem em paz e harmonia com a Coroa portuguesa, pagando-se por entrada 24%, regulando-se a cobrança destes direitos por pautas e aforamentos, ficando vinhos, águas, aguardentes e azeites doces sujeitos ao pagamento do dobro de direitos. Liberou-se também a exportação, inclusive para os estrangeiros, de quaisquer gêneros coloniais, exceto o pau-brasil e

---

[124] MEIRA, Edelsilene Lopes de. **Educação Fiscal**. 2011, 58 f. Monografia (Bacharel em Direito)– Graduação em Direito da Universidade Vale do Rio Doce, Governador Valadares, 2011.

[125] "Também foi criado o imposto sobre a venda de escravos latinos, aqueles escravos que já estavam vivendo na colônia há algum tempo, este imposto era de 5% sobre a venda dos escravos, no século XIX de acordo com o Alvará de 25 de abril de 1818, sobre os direitos aduaneiros, cada negro novo, com mais de três anos, trazido da África deveria pagar além dos direitos que já existiam uma taxa adicional de 600 reis, parte desse adicional deveria constituir um fundo para promover a colonização branca, os tributos não derivavam somente do tráfico negreiro e da produção açucareira mas também de outras atividades econômicas que, mesmo não sendo tão rendosas, representavam fontes seguras de rendas fiscais para o governo metropolitano." GOHARA, Marcio Shinichi; OLIVEIRA, Joice Aparecida de; SANTOS, Miriane Vanessa dos. **ICMS substituição tributária e seu impacto na formação de preços e na necessidade de capital de giro das empresas**. 2013, 92 fl. Trabalho de Conclusão de Curso (Graduação em Ciências Contábeis)– Centro Universitário Eurípides de Marília – UNIVEM, Marília, 2013, p. 19-20; p. 26.

outros "notoriamente estancados", pagando-se os mesmos direitos já estabelecidos nas capitanias.[126]

No final do século XIX, acontece outro fato histórico no Brasil, com a Proclamação da República. Inevitavelmente exsurgem novos tributos, mas ainda vigoravam os criados na época imperial. Assim, foi promulgada a primeira Constituição republicana, a de 1891. Na ótica tributária, essa Magna Carta "firmou a competência fiscal da União e dos Estados através de um sistema de discriminação rígida de rendas tributárias".[127]

Já no século XX, novas Constituições surgiram, como a de 1932, que não trouxe inovações no tocante a tributação. Na mesma situação se encontrou a Lei Maior de 1934, que não acrescentou nada. Com a incursão do Estado Novo, por Getúlio Vargas, tudo ficou centralizado na figura do ex-presidente que, inclusive, criou por meio de Decreto algumas matérias tributárias, como o imposto de proteção à família. Ademais, com a chegada de outra *Lex Fundamentalis*, em 1946, só houve a alteração na distribuição das rendas provenientes dos tributos entre União, Estados e Municípios. Após tudo isso, somente será concretizada uma tributação sistemática com o Código Tributário Nacional, que foi promulgado em outubro de 1966, e ainda está em vigor, juntamente com a constitucionalização embasada em princípios, com a Carta Cidadã de 1988.[128]

Diante da contextualização histórica da tributação, procurou-se apresentar esse fenômeno desde os primórdios, com o surgimento das primeiras civilizações até a época do Iluminismo, por meio da Revolução Francesa, com a ideia de orçamento público. Após isso, externou-se a tributação no começo da história do Brasil, no momento pré-colonial, posteriormente colonial, e, por fim, no período republicano/constitucional.

---

[126] BALTHAZAR, Ubaldo César. **História do Tributo no Brasil**. Florianópolis: Fundação Boiteaux, 2005, p. 70-71.
[127] GOHARA, Marcio Shinichi; OLIVEIRA, Joice Aparecida de; SANTOS, Miriane Vanessa dos., op. cit., p. 36.
[128] Ibidem.

3.2 O SISTEMA TRIBUTÁRIO NACIONAL E A COMPETÊNCIA PARA TRIBUTAR

A construção de um sistema[129] tributário no Brasil se deu com a Constituição Federal de 1988, que previu no seu artigo 145[130] essa nomenclatura. Entretanto, esse sistema tem um destaque doutrinário, organizando os objetivos atinentes à Magna Carta.

Na visão de Claudio Carneiro[131], tem-se por Sistema Tributário Nacional como um composto congruente, interdependente, lógico e coerente de normas tributárias, tendo como objetivo maior a obtenção de receita para os entes da federação (União, Estados e Municípios), por meio da tributação em todo o território brasileiro, respeitando, acima de tudo, o pacto federativo previsto na Constituição.[132]

Ademais, esse sistema também pode ser conceituado como

> [...] O conjunto de normas constitucionais de natureza tributária, inserido no sistema jurídico global, formado por um conjunto unitário e ordenado de normas subordinadas aos princípios fundamentais, reciprocamente harmô-

---

[129] Para Paulo de Barros Carvalho, o sistema "[...] aparece como o objeto formado de porções que se vinculam debaixo de um princípio unitário ou como a composição de partes orientadas por um vetor comum. Onde houver um conjunto de elementos relacionados entre si e aglutinados perante uma referência determinada, teremos a noção fundamental de sistema [...]". CARVALHO, Paulo de Barros. **Curso de direito tributário.** 18. ed. rev. e atual. São Paulo: Saraiva, 2007, p. 135.

[130] "Art. 145. A União, os Estados, o Distrito Federal e os Municípios poderão instituir os seguintes tributos: I - impostos; II - taxas, em razão do exercício do poder de polícia ou pela utilização, efetiva ou potencial, de serviços públicos específicos e divisíveis, prestados ao contribuinte ou postos a sua disposição; III - contribuição de melhoria, decorrente de obras públicas." BRASIL. **Constituição da República Federativa do Brasil de 1988.** Casa Civil, Brasília, DF, 5 out. 1988. Disponível em: <http://www.planalto.gov.br/ccivil_03/constituicao/constitui%C3%A7ao.htm>. Acesso em: 8 ago. 2017.

[131] CARNEIRO, Claudio. **Curso de direito tributário e financeiro.** 4. ed. São Paulo: Saraiva, 2012.

[132] Há uma severa crítica a esse sistema, pois o "mesmo feriria o pacto federativo, diante da autonomia dos Estados e Municípios que formulam os seus sistemas tributários, respeitando as considerações constitucionais comuns, mas mesmo havendo esse respeito, não dá ao sistema o caráter de nacional, tendo em vista a não invasão/obstrução entre os entes." ATALIBA, Geraldo. **Sistema constitucional tributário brasileiro.** São Paulo: Revista dos Tribunais, 1968, p. 223-224.

nicos, que organiza os elementos constitutivos do Estado, que outra coisa não é senão a própria Constituição.[133]

Ainda na edificação desse sistema, que conforme já mencionado tem guarida constitucional, é possível alocá-lo sob duas bases: a uma pela pluralidade; e a duas pela uniformidade. Assim, também se encontra interligado com normas permissivas, que se relacionam na competência tributária, e com normas proibitivas, que são atinentes à limitação de tributar.[134]

O douto Cláudio Carneiro persiste na investigação sobre o Sistema Tributário Nacional corroborando que ele pode ser classificado em quatro formas, quais sejam:

> [a) Racional ou Histórico, sendo o primeiro fomentado por normas e princípios da ciência política e econômica, com tributos organizados e planejados; já o segundo seria pautado na ausência de organização formal. b) Rígido ou Flexível, estando o primeiro associado à limitação da liberdade do legislador infraconstitucional na formação de normas fundamentais de tributação; e o segundo permite ao legislador ordinário a manutenção da legislação fundamental por meio da autonomia legislativa. c) Aberto ou Fechado, possibilitando ao sistema aberto a interpretação evolutiva, por meio da mutação constitucional[135]; e ao Fechado, que é pautado na rigidez e na estrita legalidade, com interpretação hermética. d) Objetivo ou Científico, com o primeiro abrangendo as normas, os conceitos e os institutos jurídicos pertinentes aos tributos; e o seguinte

---

[133] HARADA, Kiyoshi. **Direito financeiro e tributário.** 25. ed. rev., atual. e ampl. São Paulo: Atlas, 2016, p. 335.

[134] CARNEIRO, Claudio. **Curso de direito tributário e financeiro.** 4. ed. São Paulo: Saraiva, 2012.

[135] Mutação constitucional pode ser considerada, de acordo com Uadi Bulos, como "[...] o processo informal de mudança da Constituição, por meio do qual são atribuídos novos sentidos, quer através da interpretação, em suas diversas modalidades e métodos, quer por intermédio da construção, bem como dos usos e costumes constitucionais." BULOS, Uadi. **Mutação Constitucional.** São Paulo: Saraiva, 1997, p. 57.

advém, como o próprio nome diz, da ciência, da pesquisa, do conjunto hipotético de proposições].[136]

Dentro do Sistema Tributário, que conforme já visto acima, provém das normas jurídicas, é mister apresentar, diante, também, do já analisado fenômeno da tributação, o que é tributo. Segundo o Código Tributário Nacional[137], tributo é

> [...] toda prestação pecuniária compulsória[138], em moeda ou cujo valor nela se possa exprimir[139], que não constitua sanção de ato ilícito[140], instituída em lei[141] e cobrada mediante atividade administrativa plenamente vinculada.

Dessa forma, há no Brasil, de acordo com a Constituição Federal de 1988, a teoria pentapartida[142] de tributos. Então, têm-se cinco espécies de tributos, quais sejam os impostos, taxas, contribuições de melhoria, empréstimos compulsórios e as contribuições.

---

[136] CARNEIRO, Claudio. **Curso de direito tributário e financeiro**. 4. ed. São Paulo: Saraiva, 2012, p. 353-355.

[137] BRASIL. Lei n.º 5.172, de 25 de outubro de 1966. **Institui o Código Tributário Nacional**. Casa Civil, Diário Oficial da União, Brasília, DF, 25 out. 1966. Disponível em: <http://www.planalto.gov.br/ccivil_03/leis/L5172Compilado.htm>. Acesso em: 20 ago. 2017.

[138] Conforme Kiyoshi Harada, "significa prestação em dinheiro, representando obrigação de dar." HARADA, Kiyoshi. **Direito financeiro e tributário**. 25. ed. rev., atual. e ampl. São Paulo: Atlas, 2016, p. 336.

[139] A forma usual de satisfação é a moeda corrente nacional, podendo haver outras formas, mas com previsão legal. Ibidem, p. 336.

[140] Quanto a essa questão, Luciano Amaro observa que "registra-se o caráter não sancionatório do tributo, dele distinguindo-se, portanto, as prestações pecuniárias que configurem punição de infrações." AMARO, Luciano. **Direito tributário brasileiro**. 20. ed. rev. e atual. São Paulo: Saraiva, 2014, p. 47.

[141] "Ao dizer que o tributo é prestação instituída em lei não apenas se contempla o princípio da legalidade do tributo (no sentido de que cabe à lei instituí-lo, definindo o respectivo fato gerador, o devedor e os elementos necessários a quantificar a prestação), mas também se sublinha a origem legal (e não contratual) do tributo." Ibidem, p. 47.

[142] Essa teoria pentapartida advém do Supremo Tribunal Federal, que, segundo sua jurisprudência, os empréstimos compulsórios (Recurso Extraordinário n.º 111.954/PR, DJU 24/06/1988) e as contribuições especiais (AI-AgR 658576/RS, Relator Ministro Ricardo Lewandowski, 1ª Turma, Julgamento em 27/11/2007; AI-AgR 679355/RS, Relator Ministro Ricardo Lewandowski, 1ª Turma, Julgamento em 27/11/2007) são espécies tributárias autônomas, ostentando natureza jurídica própria que as distingue dos impostos, taxas e contribuições de melhoria.

Todos eles são específicos e são criados por um fato gerador.[143] A especificação, com a concepção desses tipos de tributos e a quem atinge, será abordada em um momento ulterior deste capítulo.

Nesse diapasão, o Sistema Tributário Nacional traz elementos normativos fiscais, extrafiscais e parafiscais. Para Barros Carvalho, (a) fiscalidade, (b) extrafiscalidade e (c) parafiscalidade são, respectivamente, o

> [(a) [...] Fim exclusivo de abastecer os cofres públicos, sem que outros interesses - sociais, políticos ou econômicos - interfiram no direcionamento da atividade impositiva [...] (b) [...] quando a compostura da legislação de um tributo vem pontilhada de inequívocas providências no sentido de prestigiar certas situações, tidas como social, política ou economicamente valiosas, às quais o legislador dispensa tratamento mais confortável ou menos gravoso [...]; (c) [...] é o fenômeno jurídico que consiste na circunstância de a lei tributária nomear sujeito ativo diverso da pessoa que a expediu, atribuindo-lhe a disponibilidade dos recursos [...]].[144]

Quanto à competência tributária, ela é a aptidão para criar tributos. Logo, a União, os Estados, o Distrito Federal e os Municípios têm o poder, diante de suas limitações constitucionalmente impostas, de gerar e estatuir o alcance desses tributos, alicerçando o comando político para definir o tamanho da incidência tributária condizente ao ente federativo. No entanto, com a percepção da receita, há a partilha tributária, que é a divisão da arrecadação entre os entes. Essa distribuição pode ser visualizada a partir do artigo 153 a 161 da Constituição Federal.[145,146]

---

[143] HARADA, op. cit.

[144] CARVALHO, Paulo de Barros. **Curso de direito tributário**. 18. ed. rev. e atual. São Paulo: Saraiva, 2007, p. 244-247.

[145] AMARO, Luciano. **Direito tributário brasileiro**. 20. ed. rev. e atual. São Paulo: Saraiva, 2014.

[146] Lembra-se que a Magna Carta não cria tributos, mas autoriza a competência para os entes da federação instituí-los. Inclusive a Lei Maior leciona quais os tipos de diplomas legais a serem

Nesse diapasão, Luciano Amaro[147] ainda classifica a competência tributária em privativa, residual e comum. A primeira é relativa à criação de impostos com exclusividade a algum ente político; a segunda é atinente à formação de outros impostos sobre situações diversas, tendo competência atribuída à União; e a terceira é incumbida a todos os entes, sem discriminação.[148]

Nesse diapasão, faz-se mister esclarecer a dubiedade envolvendo a repartição de receitas e a competência tributária. A primeira é matéria de direito financeiro. Já a segunda versa sobre o direito tributário. Retoma-se o artigo 6º do Código Tributário Nacional (CTN), já que

> [...] os tributos cujas receitas sejam distribuídas, no todo ou em parte, a outras pessoas jurídicas de direito público pertencerão à competência legislativa daquela a que tenham sido atribuídos.[149]

Também é importante salientar que a repartição de receitas de um ente ao outro, mesmo que instituído em "nome próprio", é a cessão, por outorga constitucional, de parcela da acumulação fiscal para os demais sujeitos federativos. Logo, essa divisão exsurgiu para atender as necessidades regionais e tentar reduzi-las.[150]

Diante disso, procurou-se expor, brevemente, sobre o Sistema Tributário Nacional e a competência tributária, para cor-

---

usados. CARNEIRO, Claudio. **Curso de direito tributário e financeiro**. 4. ed. São Paulo: Saraiva, 2012.

[147] AMARO, Luciano. **Direito tributário brasileiro**. 20. ed. rev. e atual. São Paulo: Saraiva, 2014.

[148] Exemplos previstos na Constituição Federal: competência privativa tem-se o Imposto de Importação da União, o ICMS dos Estados e o ISS dos municípios; competência residual, com a observação de uma nova incidência criada pela União; competência comum, referente às taxas e contribuição de melhoria. BRASIL. **Constituição da República Federativa do Brasil de 1988**. Casa Civil, Brasília, DF, 5 out. 1988. Disponível em: <http://www.planalto.gov.br/ccivil_03/constituicao/constitui%C3%A7ao.htm>. Acesso em: 8 ago. 2017.

[149] CARNEIRO, Claudio. **Curso de direito tributário e financeiro**. 4. ed. São Paulo: Saraiva, 2012, p. 368-369.

[150] Ibidem.

roborar a compreensão do direito tributário em *terrae brasilis*, no sentido de aperfeiçoamento do presente trabalho.

3.3 PRINCÍPIOS CONSTITUCIONAIS TRIBUTÁRIOS

A contextualização do direito contemporâneo está alicerçada a pilares supralegais, que para alguns doutrinadores deriva do direito natural e, para outros, insurge do direito positivado. É apaziguada a permanência e a consagração de princípios na órbita jurídica, tanto no âmbito institucionalizado do Poder Judiciário, quanto nos poderes Executivo e Legislativo. Diante disso, o presente subcapítulo abordará esses princípios no âmbito do direito tributário brasileiro, eivado de características constitucionais.

Nessa senda, faz-se mister discutir a conceituação dos princípios constitucionais, para posterior análise, no caso, dessas bases na matriz tributária. Então, para Miguel Reale[151] os princípios são

> [...] Enunciações normativas de valor genérico, que condicionam e orientam a compreensão do ordenamento jurídico, a aplicação e integração ou mesmo para a elaboração de novas normas. São verdades fundantes de um sistema de conhecimento, como tais admitidas, por serem evidentes ou por terem sido comprovadas, mas também por motivos de ordem prática de caráter operacional, isto é, como pressupostos exigidos pelas necessidades da pesquisa e da práxis.[152]

Sendo os princípios a base, o pilar e/ou sustento de uma seara, no âmbito jurídico, os mesmos se encontram marcados pela normatividade. Para Bonavides,

---
[151] REALE, Miguel. **Lições Preliminares de Direito**. 27. ed. São Paulo: Saraiva, 2003, p. 37.
[152] Também pode ser corroborado como "[...] idéias centrais de um sistema, ao qual dão sentido lógico, harmonioso, racional, permitindo a compreensão de seu modo de se organizar-se." SUNDFELD, Carlos Ari. **Licitação e Contrato Administrativo**. 2. ed. São Paulo: Malheiros, 1995, p. 18.

> [...] os princípios, nesta perspectiva, são verdades objetivas, nem sempre pertencentes ao mundo do ser, senão do dever-ser, na qualidade de normas jurídicas, dotadas de vigência, validez e obrigatoriedade.[153]

Assim sendo, passa-se a análise dos princípios constitucionais tributários, merecendo destaque os seguintes: (1) princípio da legalidade e tipicidade; (2) princípio da irretroatividade; (3) princípio da anterioridade; (4) princípio da isonomia ou igualdade; (5) princípio da capacidade contributiva; (6) princípio da vedação de tributo confiscatório; (7) princípio da liberdade de tráfego e; (8) princípio da transparência dos impostos.[154]

(1) De acordo com o princípio da legalidade e tipicidade[155], o tributo só poderá ser decretado ou majorado por meio de lei, tanto no sentido formal, quanto material.[156,157] Logo, esse princípio traz matizes de segurança jurídica e justiça, haja vista que limita/aprisiona a administração pública de cobrar, a bel prazer, variados tributos. Portanto, não advém da autoridade administrativa o poder de decidir, conforme o caso, se o tributo é devido ou não, e a sua quantia, mas consiste na obrigação tributária, diante da incidência da norma sobre aquele determinado fato, que é o fato gerador.[158]

---

[153] BONAVIDES. **Curso de Direito Constitucional**. 12. ed. São Paulo: Malheiros, 2002, p. 229.

[154] AMARO, Luciano. **Direito tributário brasileiro**. 20. ed. rev. e atual. São Paulo: Saraiva, 2014.

[155] Esse princípio deriva do artigo 150, inciso I, da Constituição Federal, *in verbis:* "Sem prejuízo de outras garantias asseguradas ao contribuinte, é vedado à União, aos Estados, ao Distrito Federal e aos Municípios: I - exigir ou aumentar tributo sem lei que o estabeleça." BRASIL. **Constituição da República Federativa do Brasil de 1988**. Casa Civil, Brasília, DF, 5 out. 1988. Disponível em: <http://www.planalto.gov.br/ccivil_03/constituicao/constitui%C3%A7ao.htm>. Acesso em: 8 ago. 2017.

[156] BALEEIRO, Aliomar. **Uma introdução à ciência das finanças**. 18. ed. rev. e atual. por Hugo de Brito Machado Segundo. Rio de Janeiro: Forense, 2012.

[157] Segundo o mesmo doutrinador, Aliomar Baleeiro, "nenhum tributo pode ser decretado ou majorado pelo orçamento: este, no sistema da Constituição brasileira, não é lei no sentido material, mas simples ato-condição." Ibidem, p. 375.

[158] AMARO, Luciano. **Direito tributário brasileiro**. 20. ed. rev. e atual. São Paulo: Saraiva, 2014.

Em relação à tipicidade, Eduardo Sabbag[159] traz que essa é uma consequência do princípio da legalidade, da qual uma lei deve conter elementos obrigatórios, fechados, reservados, sem condição interpretativa. A isso recai a instituição de tributos; a suspensão, extinção e exclusão do crédito tributário; a cominação de penalidades; a fixação de alíquota e de base de cálculo; a definição de fato gerador da obrigação principal e de sujeito passivo.

(2) Já o princípio da irretroatividade da norma tributária[160] ressalta que, exclusivamente, a lei que cria ou majora tributos não pode retroagir, atingindo fatos – de ordem tributária – anteriores à promulgação da lei.[161] Dessa forma,

> [...] a proibição constitucional, note-se, é apenas quanto a leis que criam ou aumentam tributos. Em outros casos, lei infraconstitucional pode determinar que leis tributárias tenham efeitos retroativos [...][162,163]

(3) De grande relevância é o princípio da anterioridade[164], que se subdivide na anterioridade anual e nonagesimal. Em

---

[159] SABBAG, Eduardo. **Manual de Direito Tributário**. 6. ed. São Paulo: Saraiva, 2014.

[160] Esse princípio encontra-se no artigo 150, inciso III, "a", da Constituição Federal, *in verbis*: "Sem prejuízo de outras garantias asseguradas ao contribuinte, é vedado à União, aos Estados, ao Distrito Federal e aos Municípios: III - cobrar tributos: a) em relação a fatos geradores ocorridos antes do início da vigência da lei que os houver instituído ou aumentado." BRASIL. **Constituição da República Federativa do Brasil de 1988**. Casa Civil, Brasília, DF, 5 out. 1988. Disponível em: <http://www.planalto.gov.br/ccivil_03/constituicao/constitui%C3%A7ao.htm>. Acesso em: 8 ago. 2017.

[161] Ibidem.

[162] DIFINI, Luiz Felipe Silveira. **Manual de Direito Tributário**. 4. ed. atual. São Paulo: Saraiva, 2008, p. 79.

[163] "[...] Por certo que a prescrição é despicienda, visto que a diretriz contida no art. 5.º, XXXVI, da Constituição Federal é portadora deste mesmo conteúdo axiológico, irradiando-se por todo o universo do direito positivo, incluindo, portanto, a região das imposições tributárias [...]" CARVALHO, Paulo de Barros. **Curso de direito tributário**. 18. ed. rev. e atual. São Paulo: Saraiva, 2007, p. 169.

[164] Esse princípio está alocado no artigo 150, inciso III, "a", da Constituição Federal, *in verbis*: "Sem prejuízo de outras garantias asseguradas ao contribuinte, é vedado à União, aos Estados, ao Distrito Federal e aos Municípios: III - cobrar tributos: b) no mesmo exercício financeiro em que haja sido publicada a lei que os instituiu ou aumentou; c) antes de decorridos noventa dias da data em que haja sido publicada a lei que os instituiu ou aumentou, observado o disposto na alínea b." BRASIL. **Constituição da República Federativa do Brasil de 1988**. Casa Civil, Brasília, DF, 5 out.

relação à primeira divisão, é possível observar, segundo o clamor do texto constitucional, que o tributo, ao ser criado pela lei, não pode ser executado, ou seja, cobrado no mesmo exercício financeiro[165] ao da publicação da lei que o instituiu ou aumentou. Deve ser coletado no próximo ano. Não respeitado isso, haveria uma violação de garantia fundamental, que não pode ser suprimida por via de emenda constitucional.[166]

Quanto ao princípio da anterioridade nonagesimal, peculiar foi a ótica do legislador ao introduzir essa ressalva por meio da Emenda Constitucional n.º 42 de 2003, considerando que, para a criação de tributos, não basta esperar o próximo exercício financeiro para a cobrança, mas deve-se aguardar o transcorrer de noventa dias da publicação da lei.[167] Assim, evita-se a esperteza do legislador e da administração pública de editar leis em novembro e dezembro, oportunizando a cobrança já em janeiro – que já é outro exercício financeiro. Portanto, devem ser respeitados os dois prazos, tanto da anualidade, quanto da noventena.[168, 169]

(4) Outro princípio previsto na Magna Carta, e que está em sintonia com o artigo 5º, caput, da mesma Lei Fundamental, é o princípio da isonomia ou igualdade.[170] Como o próprio preceito

---

1988. Disponível em: <http://www.planalto.gov.br/ccivil_03/constituicao/constitui%C3%A7ao.htm>. Acesso em: 8 ago. 2017.

[165] No Brasil, o exercício financeiro tem duração de doze meses e coincide com o ano civil, conforme disposto no art. 34 da Lei Federal n.º 4.320, de 17 de março de 1964.

[166] HARADA, Kiyoshi. **Direito financeiro e tributário**. 25. ed. rev., atual. e ampl. São Paulo: Atlas, 2016.

[167] BRASIL. **Constituição da República Federativa do Brasil de 1988**. Casa Civil, Brasília, DF, 5 out. 1988. Disponível em: <http://www.planalto.gov.br/ccivil_03/constituicao/constitui%C3%A7ao.htm>. Acesso em: 8 ago. 2017

[168] CARNEIRO, Claudio. **Curso de direito tributário e financeiro**. 4. ed. São Paulo: Saraiva, 2012.

[169] Para Kiyoshi Harada, "a chamada noventena não chega a ser um princípio tributário; ela se assemelha a um prazo de carência concedido pelas instituições bancárias, para o início de resgate das importâncias mutuadas." HARADA, op. cit., p. 410.

[170] O princípio da isonomia está no artigo 150, inciso II, da Magna Carta, *in verbis*: "Sem prejuízo de outras garantias asseguradas ao contribuinte, é vedado à União, aos Estados, ao Distrito Federal e

exordial traz, não se deve fazer distinção na cobrança dos tributos entre os contribuintes – aqueles que pagam. Não poderá haver discriminação do fisco àqueles que têm o dever, por meio da incidência legal, de adimplir o tangente à tributação.[171,172] Ademais, importante é a visão do doutor Luciano Amaro, ao constatar que

> [...] Há um segundo aspecto a ser analisado, no qual o princípio dirige ao próprio legislador e veda que ele dê tratamento diverso para situações iguais ou equivalentes. Ou seja, todos são iguais perante o legislador (=todos devem ser tratados com igualdade pelo legislador). Assim, nem pode o aplicador, diante da lei, discriminar, nem se autoriza o legislador, ao ditar a lei, a fazer discriminações.

(5) Nesse diapasão, a Constituição Cidadã perfectibilizou sua finalidade social ao prever o princípio da capacidade contributiva.[173] Esse pilar do direito tributário brasileiro pode ser observado sob dois vieses, o objetivo e o subjetivo. Em relação

---

aos Municípios: II - instituir tratamento desigual entre contribuintes que se encontrem em situação equivalente, proibida qualquer distinção em razão de ocupação profissional ou função por eles exercida, independentemente da denominação jurídica dos rendimentos, títulos ou direitos." BRASIL. **Constituição da República Federativa do Brasil de 1988**. Casa Civil, Brasília, DF, 5 out. 1988. Disponível em: <http://www.planalto.gov.br/ccivil_03/constituicao/constitui%C3%A7ao.htm>. Acesso em: 8 ago. 2017.

[171] Ibidem.

[172] Luciano Amaro traz um adendo ao princípio da igualdade, reforçando a existência, no contexto desse princípio, do princípio da uniformidade. Segundo o doutrinador, esse último princípio "[...] veda a distinção ou preferência em relação a Estado, ao Distrito Federal ou a Município, em detrimento de outro (art. 151, I). [...] Veda aos Estados, ao Distrito Federal e aos Municípios estabelecer diferença tributária entre bens e serviços de qualquer natureza, em razão de sua procedência ou destino." AMARO, Luciano. **Direito tributário brasileiro**. 20. ed. rev. e atual. São Paulo: Saraiva, 2014, p. 162.

[173] Encontra-se previsto no artigo 145, § 1º, da Magna Carta, in verbis: "Sempre que possível, os impostos terão caráter pessoal e serão graduados segundo a capacidade econômica do contribuinte, facultado à administração tributária, especialmente para conferir efetividade a esses objetivos, identificar, respeitados os direitos individuais e nos termos da lei, o patrimônio, os rendimentos e as atividades econômicas do contribuinte." BRASIL. **Constituição da República Federativa do Brasil de 1988**. Casa Civil, Brasília, DF, 5 out. 1988. Disponível em: <http://www.planalto.gov.br/ccivil_03/constituicao/constitui%C3%A7ao.htm>. Acesso em: 8 ago. 2017.

ao primeiro, tem-se a conclusão que o legislador, ao prever algum tributo, deve considerar na lei os signos de riqueza, ou seja, do que um contribuinte é altamente capaz de contribuir. Já a capacidade contributiva subjetiva reflete no tamanho econômico do evento – do tributo – que está incidindo, e em relação à condição socioeconômica do contribuinte, não afetando a sua dignidade.[174,175]

(6) Pertinente ao princípio da vedação de tributo confiscatório[176] ou com efeito de confisco, é mister expor que esse princípio está alicerçado à capacidade contributiva, haja vista que eles – os princípios – atuam na proteção do contribuinte contra as injustiças da administração pública. Logo, terá o efeito de confisco o tributo que absorve com o seu valor a totalidade do bem ou situação tributada, além de exceder à medida estipulada pela lei.[177,178]

(7) O princípio da liberdade de tráfego[179], ou não limitação ao tráfego de pessoas e bens, está intimamente associado ao

---

[174] CARVALHO, Paulo de Barros. **Curso de direito tributário.** 18. ed. rev. e atual. São Paulo: Saraiva, 2007.
[175] Para Barros Carvalho, o princípio da capacidade contributiva firma que "[...] sua existência está intimamente ilaqueada a realização do princípio da igualdade, previsto no art. 5.º, caput, do Texto Supremo." Ibidem, p. 174.
[176] Também se encontra presente no artigo 150, inciso IV, da Constituição Federal, *in verbis:* "Sem prejuízo de outras garantias asseguradas ao contribuinte, é vedado à União, aos Estados, ao Distrito Federal e aos Municípios: utilizar tributo com efeito de confisco". BRASIL. **Constituição da República Federativa do Brasil de 1988.** Casa Civil, Brasília, DF, 5 out. 1988. Disponível em: <http://www.planalto.gov.br/ccivil_03/constituicao/constitui%C3%A7ao.htm>. Acesso em: 8 ago. 2017.
[177] NOGUEIRA, Ruy Barbosa. **Curso de direito tributário.** São Paulo: Saraiva, 1989.
[178] Exemplo formidável é trazido pelo doutrinador Kiyoshi Harada, ao afirmar que "[...] uma coisa é a incidência do IPI sobre o cigarro pela alíquota de 365,63% e outra bem diversa é a incidência do IPTU de 50% sobre a propriedade imobiliária, o que confiscaria grande parte do bem no último caso." HARADA, Kiyoshi. **Direito financeiro e tributário.** 25. ed. rev., atual. e ampl. São Paulo: Atlas, 2016, p. 414-415).
[179] Está previsto no artigo 150, inciso V, da Carta Cidadã de 1988, *in verbis:* "Sem prejuízo de outras garantias asseguradas ao contribuinte, é vedado à União, aos Estados, ao Distrito Federal e aos Municípios: V - estabelecer limitações ao tráfego de pessoas ou bens, por meio de tributos interestaduais ou intermunicipais, ressalvada a cobrança de pedágio pela utilização de vias conservadas pelo Poder Público." BRASIL. **Constituição da República Federativa do Brasil de 1988.** Casa Civil, Brasília, DF, 5 out. 1988. Disponível em: <http://www.planalto.gov.br/ccivil_03/constituicao/constitui%C3%A7ao.htm>. Acesso em: 8 ago. 2017.

direito fundamental da liberdade de locomoção, previsto no artigo 5º, inciso XV, da Constituição Federal. Dessa forma, "[...] a intermunicipalidade e a interestadualidade não poderão ser fatos geradores de quaisquer tributos, sejam federais, estaduais ou municipais."[180] Portanto, nenhuma legislação tributária deve criar fato gerador sobre a livre locomoção – tem-se aqui como deslocamento ou movimento – de pessoas e bens, eis que geraria uma discriminação de caráter humano.

(8) Por fim, tem-se o princípio da transparência dos impostos[181], que tem previsão constitucional, mas encontrou guarida na Lei n.º 12.741/2012 (Código de Defesa do Consumidor). Essa lei tornou obrigatória a descrição do adimplemento de tributos indiretos pagos pelo consumidor nos cupons, notas e recibos fiscais. Assim, esse princípio consagrou a lisura no ônus tributário suportado pelo contribuinte no preço pago por produtos mercantis.[182]

Com a elucidação dos princípios constitucionais tributários supramencionados, o trabalho solidifica a importância do direito tributário nacional, incidindo em fatores sociais, conforme corroborado por alguns princípios, os quais merecem destaque para o desenvolvimento deste livro. Assim, alguns princípios foram ocluídos nesse momento, mas serão mais bem contemplados quando atinentes aos impostos.

---

[180] SABBAG, Eduardo. **Manual de Direito Tributário**. 6. ed. São Paulo: Saraiva, 2014, p. 255.
[181] Também está presente no artigo 150, § 5º, da Lei Maior, *in verbis*: "A lei determinará medidas para que os consumidores sejam esclarecidos acerca dos impostos que incidam sobre mercadorias e serviços." BRASIL. **Constituição da República Federativa do Brasil de 1988**. Casa Civil, Brasília, DF, 5 out. 1988. Disponível em: <http://www.planalto.gov.br/ccivil_03/constituicao/constitui%C3%A7ao.htm>. Acesso em: 8 ago. 2017.
[182] AMARO, Luciano. **Direito tributário brasileiro**. 20. ed. rev. e atual. São Paulo: Saraiva, 2014.

3.4 AS ESPÉCIES DE TRIBUTOS NO BRASIL: A TRIBUTAÇÃO MUNICIPAL

Diante do desenvolvimento sobre o direito tributário explicitado acima, com seu aperfeiçoamento histórico e principiológico, passa-se à análise das espécies tributárias existentes no Brasil, resguardadas pela Constituição Federal de 1988. Com isso, serão apresentados os tributos de competência da União, dos Estados e do Distrito Federal, dando ênfase, em um momento posterior, à tributação municipal.

Os tributos no Brasil são divididos, conforme já brevemente mencionado, em cinco modalidades, dos quais se encontram os: (1) impostos; (2) taxas; (3) contribuições de melhoria; (4) empréstimos compulsórios e; (5) as contribuições.

(1) Os impostos[183] podem ser conceituados como uma exigência legal de uma pessoa jurídica de direito público, diante da existência de uma norma de incidência (fato gerador), de cobrança em dinheiro aos sujeitos incidentes e com capacidade contributiva, para perfectibilizar o interesse coletivo e da população, sem que a administração pública preste algum serviço específico, em retribuição ao pagamento exarado pelo contribuinte. Com isso, somente essas pessoas – a União, os Estados, o Distrito Federal e os Municípios – podem instituir impostos, diante de seus poderes políticos para tanto.[184]

---

[183] O Código Tributário Nacional ressalta o artigo 16, *in verbis*: "Imposto é o tributo cuja obrigação tem por fato gerador uma situação independente de qualquer atividade estatal específica, relativa ao contribuinte." BRASIL. Lei n.º 5.172, de 25 de outubro de 1966. **Institui o Código Tributário Nacional.** Casa Civil, Diário Oficial da União, Brasília, DF, 25 out. 1966. Disponível em: <http://www.planalto.gov.br/ccivil_03/leis/L5172Compilado.htm>. Acesso em: 20 ago. 2017.

[184] BALEEIRO, Aliomar. **Uma introdução à ciência das finanças.** 18. ed. rev. e atual. por Hugo de Brito Machado Segundo. Rio de Janeiro: Forense, 2012.

(2) Já as taxas[185] seguem a orientação de serem pagamentos, por parte do contribuinte, pela prestação ou disposição do Estado, de serviço público específico e divisível ou, também, no exercício regular do poder de polícia.[186] Dessa forma,

> [...] o fato gerador da taxa não é um fato do contribuinte, mas um fato do Estado. O Estado exerce determinada atividade e, por isso, cobra a taxa da pessoa a quem aproveita aquela atividade.[187]

(3) Em relação à contribuição de melhoria[188], como o próprio nome diz, requer o melhoramento, o desenvolvimento, a evolução, o progresso do ambiente imobiliário em que se encontra o contribuinte, diante da realização de obras públicas. Dessa forma, o Estado atua na valorização do espaço pertencente à pessoa tributada, perfectibilizando o fato gerador.[189] Com isso, nesse ínterim, o Desembargador do Tribunal de Justiça do Estado do Rio Grande do Sul, Luiz Felipe Difini, ressalta que essa contribuição

> [...] É tributo de grande justiça fiscal. Levaria a que proprietários de imóveis, que auferem valorização, por obras de urbanização, saneamento e outras, executadas pelo Poder Público, paguem pelo custo das obras que os beneficiam. Na prática, tem sido pouco utilizada. A explicação, provavelmente se encontre na complexidade do processo

---

[185] Segundo o artigo 77 do Código Tributário Nacional, as taxas têm previsão legal, *in verbis*: "As taxas cobradas pela União, pelos Estados, pelo Distrito Federal ou pelos Municípios, no âmbito de suas respectivas atribuições, têm como fato gerador o exercício regular do poder de polícia, ou a utilização, efetiva ou potencial, de serviço público específico e divisível, prestado ao contribuinte ou posto à sua disposição." BRASIL, op. cit.

[186] Ibidem.

[187] AMARO, Luciano. **Direito tributário brasileiro.** 20. ed. rev. e atual. São Paulo: Saraiva, 2014, p. 53.

[188] Estão previstas no artigo 81, da codificação tributária, *in verbis*: "A contribuição de melhoria cobrada pela União, pelos Estados, pelo Distrito Federal ou pelos Municípios, no âmbito de suas respectivas atribuições, é instituída para fazer face ao custo de obras públicas de que decorra valorização imobiliária, tendo como limite total a despesa realizada e como limite individual o acréscimo de valor que da obra resultar para cada imóvel beneficiado." BRASIL, op. cit.

[189] Ibidem.

de sua imposição e arrecadação. As exigências, que hoje se encontram na legislação infraconstitucional (basicamente arts. 81 e 82 do CTN e Decreto-Lei n. 195/67), tornam problemática sua imposição, especialmente pelos Municípios (ente tributante a que mais se afeiçoaria o tributo, pois normalmente estes realizam obras públicas como calçamento, asfaltamento, saneamento, iluminação etc.).[190]

(4) Outra espécie marcante dos tributos são os empréstimos compulsórios[191], figura eminentemente constitucional. Assim, esse tributo é uma prestação compulsória, instituído por Lei Complementar e com arrecadação vinculada, ou seja, imposta e obrigatória em nível nacional, para suprir as despesas provenientes de calamidade pública, ou no caso de guerra externa ou sua iminência; também pode ser cobrado quando houver investimento público de caráter urgente, com relevante interesse nacional.[192,193]

(5) Por fim, há a última classificação de tributos existente no Brasil, que são as contribuições especiais.[194] Conforme a orientação do douto Eduardo Sabbag, elas são

---

[190] DIFINI, Luiz Felipe Silveira. **Manual de Direito Tributário**. 4. ed. atual. São Paulo: Saraiva, 2008, p. 48.

[191] Está previsto no artigo 148 da Constituição Federal, *in verbis*: "A União, mediante lei complementar, poderá instituir empréstimos compulsórios: I - para atender a despesas extraordinárias, decorrentes de calamidade pública, de guerra externa ou sua iminência; II - no caso de investimento público de caráter urgente e de relevante interesse nacional, observado o disposto no art. 150, III, "b". Parágrafo único. A aplicação dos recursos provenientes de empréstimo compulsório será vinculada à despesa que fundamentou sua instituição." BRASIL. **Constituição da República Federativa do Brasil de 1988**. Casa Civil, Brasília, DF, 5 out. 1988. Disponível em: <http://www.planalto.gov.br/ccivil_03/constituicao/constitui%C3%A7ao/constitui%C3%A7ao.htm>. Acesso em: 8 ago. 2017.

[192] Ibidem.

[193] Há certas críticas a esse tributo, conforme Claudio Carneiro, pois afirma que "[...] sua própria nomenclatura é atípica, pois se é um empréstimo, não poderia ser compulsório. Por isso, havia o entendimento de que a natureza do empréstimo compulsório era a de um contrato de mútuo regido pelo direito público; depois um contrato coativo compulsório, culminando com a edição da Súmula 418 do STF que dizia não ser o empréstimo compulsório tributo. Após a adoção, pelo STF, da teoria pentapartite, a Súmula perdeu sua eficácia e o empréstimo compulsório assumiu o caráter de tributo." CARNEIRO, Claudio. **Curso de direito tributário e financeiro**. 4. ed. São Paulo: Saraiva, 2012, p. 313-314.

[194] Podem ser chamadas, também, de contribuições sociais, devido ao caráter eminentemente social e extrafiscal. Tem previsão no artigo 149 da Magna Carta, *in verbis*: "Compete exclusivamente à União instituir contribuições sociais, de intervenção no domínio econômico e de interesse das

> [...] destinadas ao financiamento de gastos específicos, sobrevindo no contexto de intervenção do Estado no campo social e econômico, sempre no cumprimento dos ditames da política de governo.[195]

Dessa forma, Kiyoshi Harada afirma que

> [...] A contribuição social é espécie tributária vinculada à atuação indireta do Estado. Tem como fato gerador uma atuação indireta do Poder Público mediatamente referida ao sujeito passivo da obrigação tributária. A contribuição social caracteriza-se pelo fato de, no desenvolvimento pelo Estado de determinada atividade administrativa de interesse geral, acarretar maiores despesas em prol de certas pessoas (contribuintes), que passam a usufruir de benefícios diferenciados dos demais (não contribuintes). Tem seu fundamento na maior despesa provocada pelo contribuinte e na particular vantagem a ele proporcionada pelo Estado.[196]

Nesse diapasão, passa-se à análise dos impostos de competência da União, dos Estados e dos Municípios, com uma breve explicação do tema envolvente a modalidade impostos.

A União tem a competência constitucionalmente prevista de instituir oito tipos de impostos[197], quais sejam: imposto de importação, que recai na entrada de produtos estrangeiros em território nacional; imposto de exportação, com fato gerador sobre a saída de produtos nacionais para outros países; imposto

---

categorias profissionais ou econômicas, como instrumento de sua atuação nas respectivas áreas, observado o disposto nos arts. 146, III, e 150, I e III, e sem prejuízo do previsto no art. 195, § 6º, relativamente às contribuições a que alude o dispositivo." BRASIL, op. cit.

[195] SABBAG, Eduardo. **Manual de Direito Tributário**. 6. ed. São Paulo: Saraiva, 2014, p. 521.

[196] HARADA, Kiyoshi. **Direito financeiro e tributário**. 25. ed. rev., atual. e ampl. São Paulo: Atlas, 2016, p. 345.

[197] Está previsto no artigo 153 da Magna Carta, *in verbis*: "Compete à União instituir impostos sobre: I - importação de produtos estrangeiros; II - exportação, para o exterior, de produtos nacionais ou nacionalizados; III - renda e proventos de qualquer natureza; IV - produtos industrializados; V - operações de crédito, câmbio e seguro, ou relativas a títulos ou valores mobiliários; VI - propriedade territorial rural; VII - grandes fortunas, nos termos de lei complementar." BRASIL, op. cit.

sobre a renda e proventos de qualquer natureza, a qual incide sobre a disponibilidade econômica ou jurídica da pessoa (física ou jurídica); imposto sobre produtos industrializados, sendo tributada a industrialização do produto diante da sua circulação jurídica; imposto sobre operações de crédito, câmbio e seguro ou relativas a títulos e valores imobiliários, que tem fato gerador em qualquer operação envolvente nos incisos do artigo 63 do CTN[198]; imposto sobre a propriedade territorial rural, tendo a incidência o simples fato de ter propriedade, o domínio ou a posse de imóvel fora da zona urbana municipal; imposto sobre grandes fortunas, sem regulamentação por lei, mas que permitiria a tributação de pessoas (físicas e jurídicas) que tenham quantias financeiras avantajadas e; impostos extraordinários, que podem ser decretados nos casos de guerra ou na sua iminência.[199,200]

---

[198] *In verbis*: "O imposto, de competência da União, sobre operações de crédito, câmbio e seguro, e sobre operações relativas a títulos e valores mobiliários tem como fato gerador: I - quanto às operações de crédito, a sua efetivação pela entrega total ou parcial do montante ou do valor que constitua o objeto da obrigação, ou sua colocação à disposição do interessado; II - quanto às operações de câmbio, a sua efetivação pela entrega de moeda nacional ou estrangeira, ou de documento que a represente, ou sua colocação à disposição do interessado em montante equivalente à moeda estrangeira ou nacional entregue ou posta à disposição por este; III - quanto às operações de seguro, a sua efetivação pela emissão da apólice ou do documento equivalente, ou recebimento do prêmio, na forma da lei aplicável; IV - quanto às operações relativas a títulos e valores mobiliários, a emissão, transmissão, pagamento ou resgate destes, na forma da lei aplicável. Parágrafo único. A incidência definida no inciso I exclui a definida no inciso IV, e reciprocamente, quanto à emissão, ao pagamento ou resgate do título representativo de uma mesma operação de crédito." BRASIL. Lei n.º 5.172, de 25 de outubro de 1966. **Institui o Código Tributário Nacional.** Casa Civil, Diário Oficial da União, Brasília, DF, 25 out. 1966. Disponível em: <http://www.planalto.gov.br/ccivil_03/leis/L5172Compilado.htm>. Acesso em: 20 ago. 2017.

[199] Idem.

[200] São exceções ao princípio da anterioridade anual, os seguintes impostos: imposto de importação, de exportação, renda e proventos de qualquer natureza, sobre produtos industrializados, sobre operações de crédito, câmbio e seguro, ou relativas a títulos ou valores mobiliários e sobre impostos extraordinários. Também excepcionam ao princípio da anterioridade nonagesimal o imposto de importação, de exportação, de renda e proventos de qualquer natureza, sobre operações de crédito, câmbio e seguro, ou relativas a títulos ou valores mobiliários e sobre impostos extraordinários. BRASIL. **Constituição da República Federativa do Brasil de 1988.** Casa Civil, Brasília, DF, 5 out. 1988. Disponível em: <http://www.planalto.gov.br/ccivil_03/constituicao/constitui%C3%A7ao.htm>. Acesso em: 8 ago. 2017.

Já os impostos estaduais, conforme orientações da Lei Superior são três: tem-se o Imposto sobre Transmissão Causa Mortis e Doação de quaisquer bens ou direitos (ITCMD), que tem como fato gerador a transmissão, tanto por morte, quanto por doação, de quaisquer bens ou direitos (imóveis, móveis, créditos etc.) entre as partes.[201] Imposto sobre operações relativas à Circulação de Mercadorias e sobre prestação de Serviços de transporte interestadual e intermunicipal e de comunicação (ICMS), incidindo esse tributo, conforme Rubens Gomes de Sousa, na

> Saída física de mercadoria de estabelecimento comercial, industrial (ou de produção), sendo irrelevante o título jurídico de que tal saída decorra e bem assim o fato desse título envolver ou não uma transmissão de propriedade.[202]

Mas também no simples ato de serviço de transportes rodoviários; por fim, tem-se o Imposto sobre a Propriedade de Veículos Automotores (IPVA), que tem incidência na simples propriedade de veículo automotor de qualquer espécie.[203]

Na tributação municipal, quanto aos impostos, salienta a Constituição Federal a competência de instituição de três, quais sejam: o Imposto sobre a Propriedade Predial e Territorial Urbana (IPTU), que incide tanto na propriedade quanto na posse de um bem imóvel no perímetro urbano – da cidade; o Imposto sobre a Transmissão *inter vivos*, a qualquer título, por ato oneroso, de Bens Imóveis (ITBI), tendo fato gerador a transmissão, exclusiva, da propriedade – aqui não adentra a posse –, de bens imóveis, independentemente de negócio jurídico oneroso ou gratuito e; o Imposto sobre Serviços de Qualquer Natureza (ISSQN ou ISS), da qual corresponde

---

[201] BRASIL. Lei n.º 5.172, de 25 de outubro de 1966. **Institui o Código Tributário Nacional.** Casa Civil, Diário Oficial da União, Brasília, DF, 25 out. 1966. Disponível em: <http://www.planalto.gov.br/ccivil_03/leis/L5172Compilado.htm>. Acesso em: 20 ago. 2017.

[202] SOUSA, Rubens Gomes de. **Compêndio de legislação tributária.** São Paulo: Resenha Tributária, 1975, p. 143.

[203] BRASIL, op. cit.

a incidência na taxatividade[204] ou exemplificatividade[205] dos serviços previstos na Lei Complementar n.º 116[206] do ano de 2003.[207]

Ainda sob a órbita municipal é possível observar a incursão, na área da tributação, das taxas, que conforme já visto, é uma contribuição por um serviço específico e individualizado. Portanto, cada município, tanto por meio do seu Código Tributário, quanto por legislações esparsas, tem competência de criar esse tipo de tributo quando fizer mister.

E, por fim, quanto à existência de contribuições (podem ser sociais) municipais, existem no ordenamento jurídico brasileiro a contribuição de melhoria e a contribuição para o Custeio de Iluminação Pública (COSIP).[208]

3.5 A IMUNIDADE TRIBUTÁRIA E A ISENÇÃO FISCAL

Chega-se ao último momento deste capítulo com a análise sobre as imunidades tributárias previstas na Constituição Federal de 1988 e a explicitação a respeito da isenção fiscal. É corriqueira a confusão existente entre esses dois institutos do direito tribu-

---

[204] Com defesa de Ruy Barbosa Nogueira e "a maioria dos tributaristas, advoga a tese da vedação do emprego da analogia no campo do direito material, que ocorreria se a lista não fosse taxativa." (NOGUEIRA apud HARADA, Kiyoshi. **Direito financeiro e tributário**. 25. ed. rev., atual. e ampl. São Paulo: Atlas, 2016, p. 530).

[205] É defendida por Geraldo Ataliba e José Souto Maior Borges, a qual "destina a tese na impossibilidade de a legislação infraconstitucional limitar a competência tributária que a Constituição outorgou aos Municípios." (ATALIBA; BORGES apud HARADA, op. cit.

[206] *In verbis*: "O Imposto Sobre Serviços de Qualquer Natureza, de competência dos Municípios e do Distrito Federal, tem como fato gerador a prestação de serviços constantes da lista anexa, ainda que esses não se constituam como atividade preponderante do prestador." BRASIL. Lei complementar n.º 116, de 31 de julho de 2003. **Dispõe sobre o Imposto Sobre Serviços de Qualquer Natureza, de competência dos Municípios e do Distrito Federal, e dá outras providências.** Casa Civil, Brasília, DF, Diário Oficial da União, 31 jul. 2003. Disponível em: <http://www.planalto.gov.br/ccivil_03/leis/LCP/Lcp116.htm>. Acesso em: 20 ago. 2017.

[207] BRASIL. **Constituição da República Federativa do Brasil de 1988.** Casa Civil, Brasília, DF, 5 out. 1988. Disponível em: <http://www.planalto.gov.br/ccivil_03/constituicao/constitui%C3%A7ao.htm>. Acesso em: 8 ago. 2017.

[208] BARRETO, Aires F. **Curso de direito tributário municipal**. 2. ed. São Paulo: Saraiva, 2012.

tário, mas merece atenção, já que não são similares quanto à competência, porém são semelhantes em relação à finalidade.

Esses dois institutos encontram-se abarcados pela generalidade das limitações do poder de tributar, estando as imunidades consagradas na Magna Carta, e as isenções com previsão em lei.[209,210] Em relação à primeira, provém do latim *immunitate*, a qual seria a "condição de não ser sujeito a algum ônus ou encargo"; já a segunda advém do latim *exemptione*, que é o "ato ou efeito de eximir-se ou isentar-se."[211] Com isso, intentam-se essas definições com a ótica tributária para contemplação plena do sentido buscado.

Então, segundo Aliomar Baleeiro[212]

> As limitações constitucionais ao poder de tributar funcionam quase sempre por meio de imunidades fiscais, isto é, disposições da lei maior que vedam ao legislador ordinário decretar impostos sobre certas pessoas, matérias ou fatos, enfim, situações que define. Será inconstitucional a lei que desafiar imunidades fiscais. Outro é o conceito de isenção fiscal. Nesta, a franquia é da alçada do legislador ordinário. Cabe à lei abrir exceções no campo geral da tributação, se isso for da conveniência do Poder Legislativo, no uso de uma competência discricionária. São inúmeras as disposições legais que abrem isenções, quer em leis de caráter geral, quer de caráter especial.[213]

---

[209] DIFINI, Luiz Felipe Silveira. **Manual de Direito Tributário.** 4. ed. atual. São Paulo: Saraiva, 2008.

[210] Nessa mesma ótica aduz Eduardo Sabbag, "[...] que no campo do tributo, a imunidade é uma forma de não incidência constitucionalmente qualificada, enquanto a isenção é uma possibilidade normativa de dispensa legalmente qualificada." SABBAG, Eduardo. **Manual de Direito Tributário.** 6. ed. São Paulo: Saraiva, 2014, p. 287.

[211] FERREIRA, Aurélio Buarque de Holanda. **Novo Aurélio Século XXI:** o dicionário da língua portuguesa. 3. ed. rev. e atual. Rio de Janeiro: Nova Fronteira, 1999, p. 1088-1140.

[212] BALEEIRO, Aliomar. **Uma introdução à ciência das finanças.** 18. ed. rev. e atual. por Hugo de Brito Machado Segundo. Rio de Janeiro: Forense, 2012, p. 378.

[213] Nessa órbita, contribui Rubens Gomes de Sousa, que "INCIDÊNCIA é a situação em que um tributo é devido por ter ocorrido o fato gerador; NÃO-INCIDÊNCIA é o inverso da incidência: é a situação em que um tributo não é devido por não ter ocorrido o respectivo fato gerador; ISENÇÃO é o favor fiscal concedido por lei, que consiste em dispensar o pagamento de um tributo devido; e

Partindo de uma análise específica sobre a imunidade tributária no Brasil, faz-se mister expor que nem sempre existiu esse instituto constitucional em *terrae brasilis*. A Constituição Política do Império de 1824, que foi a primeira Lei Maior, não trouxe nenhuma hipótese. Já a Constituição de 1891, a primeira republicana, trouxe algumas limitações. Assim, a partir dessa última até a atual, a Carta Cidadã de 1988, houve um alargamento das previsões de imunidade tributária, eivadas por um "sistema tributário cada vez mais exaustivo e complexo."[214]

Então, a Constituição Federal de 1988 proíbe a instituição de tributos, por parte da União, do Distrito Federal e dos Municípios nos seguintes casos: a) impostos sobre o patrimônio, a renda ou os serviços, uns dos outros entes (art. 150, VI, "a"); b) imposto de templos de qualquer culto (art. 150, VI, "b"); c) impostos sobre o patrimônio, a renda ou os serviços dos partidos políticos, inclusive suas fundações, das entidades sindicais dos trabalhadores, das instituições de educação e de assistência social, sem fins lucrativos (art. 150, VI, "c"); d) impostos sobre livros, jornais, periódicos e o papel destinados à sua impressão (art. 150, VI, "d").[215, 216]

Conforme Yoshiaki Ichihara[217], podem ser observadas, também, as seguintes imunidades:

---

quanto às IMUNIDADES, afirma que são limitações da competência, proibições constitucionais e, também, isenções outorgadas diretamente da Constituição." SOUSA, Rubens Gomes. **Compêndio de legislação tributária**. São Paulo: Resenha Tributária, 1975, p. 96-187.

[214] ICHIHARA, Yoshiaki. **Imunidades tributárias**. São Paulo: Atlas, 2000, p. 128-155.

[215] BRASIL. **Constituição da República Federativa do Brasil de 1988**. Casa Civil, Brasília, DF, 5 out. 1988. Disponível em: <http://www.planalto.gov.br/ccivil_03/constituicao/constitui%C3%A7ao.htm>. Acesso em: 8 ago. 2017.

[216] Pertinente, também, é a conceituação de imunidade sob a ótica de Ichihara, da qual "[...] são normas da Constituição Federal, expressas e determinadas, que delimitam negativamente, descrevendo os contornos às normas atributivas e dentro do campo das competências tributárias, estabelecendo e criando uma área de incompetência, dirigida às pessoas jurídicas de direito público destinatárias, com eficácia plena e aplicabilidade imediata, outorgando implicitamente direitos subjetivos aos destinatários beneficiados, não se confundindo com as normas fundamentais, vedações ou proibições expressas, com as limitações que decorrem dos princípios constitucionais, nem com a não-incidência." ICHIHARA, Yoshiaki. **Imunidades tributárias**. São Paulo: Atlas, 2000, p. 183.

[217] Ibidem, p. 194-195.

Imunidades das taxas para o exercício do direito de petição [...] e obtenção de certidões [públicas] [...]; imunidade das taxas para qualquer cidadão propor ação popular [...]; imunidade das taxas na assistência integral e gratuita aos que comprovarem insuficiência de recursos [...]; imunidade das taxas, aos reconhecidamente pobres, de registro de nascimento e de certidão de óbito [...]; imunidade das taxas nas ações de *habeas corpus* e *habeas data* [...]; [...] imunidade das autarquias e fundações instituídas e mantidas pelo Poder Público [...]; imunidade do [IPI de produtos] destinados ao exterior [...]; imunidade das pequenas glebas rurais, quando as explore, só ou com sua família, o proprietário que não possua outro imóvel [...]; imunidade do ouro [...] como ativo financeiro ou instrumento cambial [...]; imunidade de ICMS sobre produtos industrializados ao exterior [...].[218]

Em relação à isenção, esta pode ser conceituada como uma previsão legal de não incidência tributária[219], diante da existência de um fato gerador, localizado em lei, tornando-se um favor da Lei para a exclusão do pagamento, eis que o sujeito passivo será desonerado por reclamos de ordem ética, social,

---

[218] Podem-se elencar, também, "imunidade do ICMS sobre produtos industrializados ao exterior, excluídos os semi-elaborados definidos em lei complementar [...]; imunidade do ICMS sobre operações que destinem a outros Estados petróleo, inclusive lubrificantes, combustíveis líquidos e gasosos dele derivados, e energia elétrica [...]; imunidade do ICMS sobre o valor do IPI, quando a operação configure fato gerador dos dois impostos [...]; imunidades na exportação ao exterior de mercadorias e de serviços por lei complementar [...]; imunidade dos impostos, além dos expressamente previstos, sobre operações relativas a energia elétrica, serviços de telecomunicações, derivados de petróleo, combustíveis e minerais do país [...]; imunidade do ITBI em relação aos direitos de garantia [...]; imunidade do ITBI na realização de capital das empresas, na transmissão de bens e direitos na fusão, incorporação, cisão, ou extinção de pessoas jurídicas [...]; imunidade dos impostos federais, estaduais e municipais nas operações de transferência de imóveis desapropriados para fins de reforma agrária [...]; imunidade das contribuições sociais das entidades beneficentes de assistência social [...]; imunidade das taxas na celebração do casamento civil [...]; imunidade das taxas de transportes coletivos urbanos, aos maiores de sessenta e cinco anos [...]; imunidade da contribuição social, se após completar as exigências para a aposentadoria, continuar o servidor em atividade [...]" Ibidem, p. 195.

[219] AMARO, Luciano. **Direito tributário brasileiro.** 20. ed. rev. e atual. São Paulo: Saraiva, 2014, p. 307.

econômica, política e financeira.[220] O legislador cria e desenvolve a legislação retirando do polo passivo determinado contribuinte (ou responsável tributário) de recolher tal tributo.

Portanto, a isenção tributária tem características na não incidência, por autorização legislativa (um favor), de um tributo já instituído, enquanto a imunidade tem caráter constitucional e disciplina a competência de um tributo, e não sua ocorrência. Assim, a primeira pode atingir todos os tipos de tributos, e qualquer ente da federação pode conceder, desde que haja previsão legal. Já a segunda não atinge todos os tipos de tributos – mais os impostos, taxas e algumas contribuições –, e não é qualquer ente que pode modificar, mas somente a União, por meio de Emenda Constitucional.

---

[220] CARVALHO, Paulo de Barros. **Curso de direito tributário**. 18. ed. rev. e atual. São Paulo: Saraiva, 2007.

CAPÍTULO 4

A ISENÇÃO FISCAL PARA AS ENTIDADES TRADICIONALISTAS: O CASO PRÁTICO DE SÃO BORJA

Com o avanço científico ocorrido pela (pós) modernidade, hoje estão mais eficazes as pesquisas no âmbito do direito, pois esse se junta a outras searas fazendo exsurgir a interdisciplinaridade e/ou multidisciplinaridade. Assim, o presente capítulo deste livro passa a expor sobre a isenção fiscal como política tributária-cultural no incentivo ao tradicionalismo gaúcho, conciliado com as ciências metodológicas, na busca de resultados práticos e teóricos para a sustentação do tema e do problema deste livro.

Diante disso, por ter sido escolhido para a pesquisa de campo o município de São Borja, este capítulo abordará o Sistema Tributário desse município, com suas orientações na Lei Orgânica municipal. Em um segundo momento, será analisado de forma breve o tradicionalismo gaúcho e a história de três entidades tradicionalistas de São Borja, as quais foram investigadas pela pesquisa de campo, que será contemplada em um subcapítulo próprio, com a apresentação dos resultados e gráficos. Por fim, será explicitada a necessidade da isenção fiscal para a proteção da cultura tradicionalista gaúcha.

4.1 O SISTEMA TRIBUTÁRIO DO MUNICÍPIO DE SÃO BORJA

O município de São Borja[221] está localizado na fronteira-oeste do estado do Rio Grande do Sul e tem sua população avaliada em 61.671 mil habitantes, tendo 17,05% desse total por metro quadrado. A extensão territorial está apreciada em 3.616,691 quilômetros quadrados. A avaliação de 17,3% da população está trabalhando, perquirindo, em média, 2,4 salários mínimos mensais. Em relação à educação no município, 97,5 % da população de 6 a 14 anos está escolarizada. Quanto à economia local, o PIB per capita incide em R$ 23.850,64, reproduzindo um IDH de 0,736.[222,223]

Para obter esses índices, o município precisa da arrecadação tributária como fonte de renda para a prestação dos serviços públicos, diante das necessidades coletivas da população local. Dessa forma, o Poder Executivo municipal conta com a seguinte carga tributária para fins fiscais: a instituição de impostos, taxas, e

---

[221] O município recebeu esse nome em memória de São Francisco de Borja e Aragão, "[...] jesuíta que atuou na Direção da Ordem [companhia de Jesus com as missões], em seu começo. Ele foi Comissário Geral do Vaticano na Espanha, em Portugal e nas Índias. Nascido em 28 de outubro de 1510, na cidade de Valência, no Ducado da Gandía, na Espanha, veio falecer em 30 de setembro de 1572 em Roma. Foi canonizado pela Igreja Católica em 1671. [...] Ajudou a construir Roma, é considerado um dos maiores arquitetos jesuítas do Renascimento." BORCHHARDT, Eveline; SANTOS, Xana; SILVA, Jardel Vitor. Historiografias da redução de São Francisco de Borja. In: PINTO, Muriel; SILVA, Jardel Vitor. (Org.). **História, memória e as paisagens culturais da cidade histórica de São Borja**. 2. ed. Herval do Oeste/SC: Polimpressos, 2015, p. 23.

[222] INSTITUTO BRASILEIRO DE GEOGRAFIA E ESTATÍSTICA – IBGE. **Senso demográfico**. 2010. Disponível em: <http://www.ibge.gov.br/home/estatistica/populacao/censo2010/indicadores_sociais_municipais/default_indicadores_sociais_municipais.shtm>. Acesso em: 20 ago. 2017.

[223] São Borja não se originou propriamente com esses dados. O município nasceu com a Revolução de São Francisco de Borja, oriunda da segunda fase das Missões Orientais. O povoado foi fundado pelos padres jesuítas da Companhia de Jesus em 1682, com a instalação de indígenas e espanhóis (pelos religiosos vindos da Espanha para as missões), de mais ou menos 1.952 pessoas, na margem esquerda do Rio Uruguai, sendo vizinha da Redução de Santo Tomé, que hoje se encontra em território argentino. O mandante da habitação dessa nova Redução foi o padre Francisco Garcia de Prada, que era cura da Redução do outro lado do rio – a de Santo Tomé. RILLO, Apparicio Silva. **São Borja em perguntas e respostas**. 2. ed. São Borja: Tricentenário, 1982.

contribuições melhorias. Essas três espécies de tributos perfazem o Sistema Tributário do Município de São Borja.[224]

Em relação aos impostos, o município instituiu o Imposto Predial e Territorial Urbano (IPTU), que tem a base de cálculo sobre o valor venal do imóvel e seu tamanho; o Imposto de Transmissão inter vivos, de forma onerosa, independentemente do título creditório, de bens imóveis, por natureza ou acessão física e de direitos reais os imóveis, exceto os de garantia, bem como cessão de direitos e sua aquisição (ITBI), cuja base de cálculo recai sobre o valor do imóvel disposto; e o Imposto sobre Serviços de qualquer natureza (ISSQN), não estando esses serviços compreendidos no artigo 155, I, "B" da Constituição Federal, e estando previstos em uma lista vigorada por lei.[225]

Quanto às taxas, como são oriundas do exercício do poder de polícia[226] ou pela utilização efetiva ou potencial, de serviços públicos específicos e divisíveis prestados ao contribuinte ou postos a sua disposição.[227] Assim, quando qualquer pessoa física ou jurídica solicitar qualquer permissão ou autorização para a pre-

---

[224] SÃO BORJA. **Lei Orgânica municipal.** Câmara Municipal de Vereadores. São Borja, RS, 3 abr. 1990. Disponível em: <http://www.saoborja.rs.gov.br/images/conteudo/ARQUIVOS2017/fazenda/lei_organcia_municpal.pdf>. Acesso em: 20 ago. 2017.

[225] Ibidem.

[226] O artigo 12 do Código Tributário do Município dispõe, *in verbis*: "Considera-se poder de polícia, atividade da administração pública que, limitando ou disciplinando direito, interesse ou liberdade, regula a prática de ato ou abstenção de fato, em razão de interesse público concernente à segurança, à higiene, à ordem, aos bons costumes, à disciplina da produção e do mercado, ao exercício de atividade econômica dependentes de concessão ou autorização do Poder Público, à tranquilidade pública ou ao respeito à propriedade e aos direitos coletivos." SÃO BORJA. Lei municipal n.º 1.299 de 20 de dezembro de 1984. **Consolida a Legislação Tributária do Município e dá outras providências.** Câmara Municipal de Vereadores. São Borja, RS, 20 dez. 1984. Disponível em: <http://www.saoborja.rs.gov.br/images/conteudo/ARQUIVOS2017/fazenda/codigo_tributario_municipal.pdf>. Acesso em: 20 ago. 2017.

[227] Quanto aos serviços públicos, o artigo 13 do CTM prevê, *in verbis*: "Os serviços públicos a que se refere o artigo 11, considera-se: I - utilizado pelo contribuinte: a) efetivamente, quando por ele usufruídos a qualquer título; b) potencialmente, quando, sendo de utilização compulsória, seja postos à sua disposição, mediante atividade administrativa em efetivo funcionamento. II - específicos, quando possam ser destacados em unidades autônomas de intervenção, de utilidade ou de necessidade pública; III - divisíveis, quando suscetíveis de utilização, separadamente, por parte de cada um dos usuários." Ibidem.

feitura municipal, deverá efetivar o pagamento de taxas, calculadas, geralmente, em Unidade de Referência Municipal (URM). Alguns exemplos de permissão, com o devido adimplemento: autorização para construção civil, permissão para funcionamento (alvará), permissão para podas de árvores etc.[228] Ademais, prevê o artigo 186 do Código Tributário Municipal (CTM):

> A hipótese de incidência da Taxa de Licença é o prévio exame e fiscalização, dentro do Território do Município, das condições de localização, segurança, higiene, saúde, incolumidade, bem como de respeito à ordem, aos costumes, à tranquilidade pública, à propriedade, aos direitos individuais e coletivos e à legislação urbanística a que se submete qualquer pessoa física ou jurídica que pretenda: realizar obra, veicular publicidade em vias e logradouros públicos, em locais deles visíveis ou de acesso ao público, localizar e fazer funcionar estabelecimento comercial, prestador de serviços, industrial, agropecuário e outros; ocupar vias e logradouros públicos com móveis e utensílios; manter aberto estabelecimento fora dos horários normais de funcionamento previamente licenciado.[229, 230]

---

[228] Outro exemplo a ser suscitado é a solicitação de alvará provisório de funcionamento, do qual se deverá pagar 1 URM à Prefeitura para liberação, conforme o artigo 7º, da Lei municipal n.º 3.589/2006. SÃO BORJA. Lei municipal n.º 3.589/2006 de 27 de abril de 2006. **Cria e regulamenta o Alvará provisório no Município de São Borja e dá outras providências.** Câmara Municipal de Vereadores. São Borja, RS, 27 abr. 2006. disponível em: <http://www.camarasaoborja.rs.gov.br/arquivos/leis/lei3589.pdf>. Acesso em: 20 ago. 2017.

[229] SÃO BORJA. Lei municipal n.º 1.299 de 20 de dezembro de 1984. **Consolida a Legislação Tributária do Município e dá outras providências.** Câmara Municipal de Vereadores. São Borja, RS, 20 dez. 1984. Disponível em: <http://www.saoborja.rs.gov.br/images/conteudo/ARQUIVOS2017/fazenda/codigo_tributario_municipal.pdf>. Acesso em: 20 ago. 2017.

[230] *In verbis*, também: "Art. 187 - Estão sujeitos à prévia licença: a) localização e/ou funcionamento em horário especial; b) o funcionamento de estabelecimento em horário especial; c) a veiculação de publicidade em geral; d) a execução de obras, arruamentos e parcelamento de solo; e) o abate de animais; f) a ocupação de áreas em terrenos ou em logradouros públicos; g) o comércio eventual e/ou ambulante; h) fiscalização e/ou vistoria." SÃO BORJA. Lei municipal n.º 1.299 de 20 de dezembro de 1984. **Consolida a Legislação Tributária do Município e dá outras providências.** Câmara Municipal de Vereadores. São Borja, RS, 20 dez. 1984. Disponível em: <http://www.saoborja.rs.gov.br/images/conteudo/ARQUIVOS2017/fazenda/codigo_tributario_municipal.pdf>. Acesso em: 20 ago. 2017.

Ainda sobre as taxas incidentes à prestação de serviço público, podem recair sobre: a coleta de lixo; a iluminação pública; a limpeza e conservação de vias e logradouros públicos; a prevenção e combate às calamidades públicas; a demarcação, nivelamento e alinhamento de solo; a apreensão e depósito de bens; o expediente; a numeração de prédios; os serviços de cemitérios. Esses serviços serão prestados pelo município ao contribuinte, bem como colocados à sua disposição.[231]

Portanto, ficaram evidenciados os tipos de tributos e as suas incidências conforme o Sistema Tributário Municipal de São Borja. A esse sistema recai a tributação das entidades tradicionalistas desse município.

4.2 UMA BREVE ANÁLISE SOBRE O TRADICIONALISMO GAÚCHO

Diante da contextualização tributária do município de São Borja, passa-se à análise do tradicionalismo gaúcho, que é uma das mais expressivas manifestações culturais existentes no Brasil. Assim será abordada, primeiramente, a cultura regionalista do Rio Grande do Sul (RS), seguida da tradição gaúcha – ou também "gauchismo" – e por último o tradicionalismo gaúcho.

Muito se confundem essas três expressões – cultura regionalista do RS, tradição[232] gaúcha e tradicionalismo gaúcho. Entre-

---

[231] Ibidem.
[232] Para Max Weber "[...] os comportamentos tradicionais são formas puras de ação social, ou seja, são atitudes que os indivíduos tomam em sociedade e são orientadas pelo hábito, pela noção de que sempre foi assim. Nessa forma de ação, o indivíduo não pensa nas razões de seu comportamento. O comportamento tradicional seria, então, uma forma de dominação legítima, uma maneira de se influenciar o comportamento de outros homens sem o uso da força. [...] Eric Hobsbawm, por exemplo, estudando o mundo contemporâneo, utiliza o conceito de tradições inventadas para denominar o conjunto de práticas, de natureza ritual ou simbólica, regulado por regras aceitas por todos, que tem como objetivo desenvolver na mente e na cultura determinados valores e normas de comportamento, por meio de uma relação com o passado feita pela repetição constante dessas

tanto, elas não são idênticas, mas são similares em relação à sua origem. A cultura regionalista do Rio Grande do Sul é singular quanto às realidades pertencentes àquele estado, sobressaindo para outros países, como Argentina e Uruguai. Assim, há várias particularidades, tais como a culinária, que pode ser exemplificada pelo churrasco, pelo arroz carreteiro, pelo feijão tropeiro, pelo "puchero" e pelo consuetudinário chimarrão.[233]

Ademais, os rio-grandenses[234] tem um vocabulário diferenciado. Como o estado pertencia à Coroa hispânica, conforme o Tratado de Tordesilhas até o século XVIII, houve uma mescla entre a língua portuguesa e a espanhola, das quais surgiram gírias como "poncho"[235] e "de vereda".[236] Também é possível observar o uso de vestimentas próprias, tais e quais a bombacha, as botas especiais, a guaiaca, a camisa, o lenço, a sapatilha e o vestido de prenda. Essas roupas típicas podem ser denominadas, conforme o palavreado regional, como "pilchas". Há outras palavras/expressões utilizadas também que "[...] são 'guri', 'guria', 'faceiro', 'guaipeca',

---

práticas." WEBER apud SILVA, Kalina Vanderlei; SILVA, Maciel Henrique. **Dicionário de conceitos históricos**. 2. ed. São Paulo: Contexto, 2009, p. 405-406.

[233] QUEIROZ, Luiz Felipe Zilli. Direitos culturais e tradição gaúcha: a figura do gaúcho como patrimônio cultural. In: CUNHA FILHO, Francisco Humberto (Org.). **Partilhas culturais**: processos, responsabilidades e frutos: Coletânea. Fortaleza: IBDCult, 2017. Disponível em: <https://www.ibdcult.org/livros>. Acesso em: 20 ago. 2017.

[234] Interessante é a contribuição de Rosa Othelo afirmando da contrariedade que era o início da civilização no/do Rio Grande do Sul, pois "[...] a região, que é hoje o Rio Grande do Sul, permanecia terra abandonada, quase desconhecida, sem despertar sequer um interesse maior e continuado de parte das duas potências que mais tarde a disputariam com ardor e perseveranças." OTHELO, Rosa. A formação do Rio Grande do Sul. In: PILLA, Luiz. **Fundamentos da Cultura Rio-Grandense**. 2ª série. Porto Alegre: Imprensa Universitária UFRGS, 1957, p. 13.

[235] Para Pires, "poncho" é de "origem incerta, araucano ou espanhol – espécie de capa de pano de lã de forma retangular, ovalada ou redonda, com uma abertura no centro, para a passagem da cabeça." PIRES. **Gaúcho, o Dialeto Crioulo Rio-Grandense**. 2016. Disponível em: <http://www.orbilat.com/Languages/Portuguese-Brazilian/Dialects/Brazilian_Dialects-Gaucho.html>. Acesso em: 16 ago. 2017, s/p.

[236] MARRERO, Andrea Rita. **História Genética dos Gaúchos**: dinâmica populacional do sul do Brasil. 2006, 172 f. Tese (Doutorado em Genética e Biologia Molecular)– Instituto de Biociências. Programa de Pós-Graduação em Genética e Biologia Molecular, Universidade Federal do Rio Grande do Sul, Porto Alegre, 2006.

'melena' etc. Também há interjeições, como 'tchê', 'mas que barbaridade', 'bem capaz'."[237]

Diferentemente é a tradição gaúcha ou "gauchismo", que também é uma herança deixada pela colonização portuguesa e espanhola (ibéricos) na América do Sul desde o século XVI, com importante participação dos povos indígenas pertencentes ao sul da América, como os guaranis e os charruas. Assim, segundo Andrea Marrero,[238]

> De modo geral, os gaúchos e gauchos são reconhecidos como um grupo de homens marcados por uma visível unidade cultural. Isto porque sua origem étnica-cultural é basicamente a mesma e reporta para uma herança ibérica, indígena e africana, associada as atividades pastoris nas planícies do Pampa sul americano, uma área geográfica extensa que sobrepõe os limites de fronteiras dos países da região (Brasil, Argentina e Uruguai).[239]

Nesse espaço territorial, que envolve o Brasil, a Argentina e o Uruguai, está situado o bioma pampa, o qual contribuiu para grandes criações de gado no período colonial. Com isso, para o manejo da pecuária xucra e da doma de cavalos selvagens, existiam os capatazes e estancieiros, que eram os índios ou seus filhos, miscigenados com africanos, espanhóis e portugueses. Logo, "o gauchismo era/é a vivência do homem nas lidas campe-

---

[237] QUEIROZ, Luiz Felipe Zilli. Direitos culturais e tradição gaúcha: a figura do gaúcho como patrimônio cultural. In: CUNHA FILHO, Francisco Humberto (Org.). **Partilhas culturais:** processos, responsabilidades e frutos: Coletânea. Fortaleza: IBDCult, 2017. Disponível em: <https://www.ibdcult.org/livros>. Acesso em: 20 ago. 2017, p. 189.

[238] MARRERO, Andrea Rita, op. cit., p. 14.

[239] César Brum corrobora que essa tradição "[...] é comum às regiões onde hoje se localizam a Argentina, o Uruguai e o Estado do Rio Grande do Sul, territórios em que historicamente é referida a presença do gaúcho identificado à vida rural, cuja principal atividade econômica consistia no apresamento de gado xucro para a comercialização do couro." BRUM, César. Tradicionalismo e educação no Rio Grande do Sul. **Cadernos de Pesquisa,** v. 39, n. 138, set./dez. 2009, Scielo. Disponível em: <http://www.scielo.br/pdf/cp/v39n138/v39n138a05.pdf>. Acesso em: 16 ago. 2017, p. 778.

sinas, mas também na comercialização do charque, e da participação em rodeios e fandangos."[240]

Para Andrea Maciel

> [...] o gauchismo está integrado às questões de tradição e folclore antigos, preservando os traços culturais vistos como sobrevivência do passado. Ademais, traz no cerne a ideia de pureza e autenticidade, constatada em um passado rural, pampiano e pecuarista. Na contemporaneidade é rechaçado seguir, pontualmente, essa tradição por causa da modernidade invasiva.[241]

Já em uma visão controvertida, segundo Teixeira, a figura do gaúcho, nas suas primeiras aparições, tinha uma imagem de pessoa contrabandista, vagabunda, antigregária, incivilizada, antissocial, nômade e saqueadora de gado e bens. Já nos dias de hoje, paradoxalmente, essa característica foi alterada, pois o gaúcho significaria valores positivos e serviria como exemplo para a sociedade.[242]

Diferentemente é o tradicionalismo gaúcho, pois é um movimento em defesa da própria tradição gaúcha, asseverando valores do passado diante da atualidade. Com isso, esse movimento procura resgatar a imagem do gaúcho e seu *status quo*.[243]

Então, em defesa do "gauchismo", foi fundado em 27 de novembro de 1947 o Movimento Tradicionalista Gaúcho (MTG),

---

[240] QUEIROZ, Luiz Felipe Zilli. Direitos culturais e tradição gaúcha: a figura do gaúcho como patrimônio cultural. In: CUNHA FILHO, Francisco Humberto (Org.). **Partilhas culturais:** processos, responsabilidades e frutos: Coletânea. Fortaleza: IBDCult, 2017. Disponível em: <https://www.ibdcult.org/livros>. Acesso em: 20 ago. 2017, p. 190.

[241] MACIEL, Andrea apud QUEIROZ, Luiz Felipe Zilli. Direitos culturais e tradição gaúcha: a figura do gaúcho como patrimônio cultural. In: CUNHA FILHO, Francisco Humberto (Org.). **Partilhas culturais:** processos, responsabilidades e frutos: Coletânea. Fortaleza: IBDCult, 2017. Disponível em: <https://www.ibdcult.org/livros>. Acesso em: 20 ago. 2017, p. 190-191.

[242] Apud BRUM, Ceres Karam. Tradicionalismo e educação no Rio Grande do Sul. **Cadernos de Pesquisa**, v. 39, n. 138, set./dez. 2009, Scielo. Disponível em: <http://www.scielo.br/pdf/cp/v39n138/v39n138a05.pdf>. Acesso em: 16 ago. 2017, p. 778.

[243] BRUM, Ceres Karam. Tradicionalismo e educação no Rio Grande do Sul. **Cadernos de Pesquisa**, v. 39, n. 138, set./dez. 2009, Scielo. Disponível em: <http://www.scielo.br/pdf/cp/v39n138/v39n138a05.pdf>. Acesso em: 16 ago. 2017.

que tem uma peculiar Carta de Princípios, que se faz mister apresentar, *in verbis*:

> I - Auxiliar o Estado na solução dos seus problemas fundamentais e na conquista do bem coletivo; II - Cultuar e difundir nossa História, nossa formação social, nosso folclore, enfim, nossa Tradição, como substância basilar da nacionalidade; III - Promover, no meio do nosso povo, uma retomada de consciência dos valores morais do gaúcho; IV - Facilitar e cooperar com a evolução e o progresso, buscando a harmonia social, criando a consciência do valor coletivo, combatendo o enfraquecimento da cultura comum e a desagregação que daí resulta; V - Criar barreiras aos fatores e idéias que nos vem pelos veículos normais de propaganda e que sejam diametralmente opostos ou antagônicos aos costumes e pendores naturais do nosso povo; VI - Preservar o nosso patrimônio sociológico representado, principalmente, pelo linguajar, vestimenta, arte culinária, forma de lides e artes populares; VII - Fazer de cada CTG um núcleo transmissor da herança social e através da prática e divulgação dos hábitos locais, noção de valores, princípios morais, reações emocionais, etc.; criar em nossos grupos sociais uma unidade psicológica, com modos de agir e pensar coletivamente, valorizando e ajustando o homem ao meio, para a reação em conjunto frente aos problemas comuns; VIII - Estimular e incentivar o processo aculturativo do elemento imigrante e seus descendentes; IX - Lutar pelos direitos humanos de Liberdade, Igualdade e Humanidade; X - Respeitar e fazer respeitar seus postulados iniciais, que têm como característica essencial a absoluta independência de sectarismos político, religioso e racial; XI - Acatar e respeitar as leis e poderes públicos legalmente constituídos, enquanto se mantiverem dentro dos princípios do regime democrático vigente; XII - Evitar todas as formas de vaidade e personalismo que buscam no Movimento Tradicionalista veí-

culo para projeção em proveito próprio; XIII - Evitar toda e qualquer manifestação individual ou coletiva, movida por interesses subterrâneos de natureza política, religiosa ou financeira; XIV - Evitar atitudes pessoais ou coletivas que deslustrem e venham em detrimento dos princípios da formação moral do gaúcho; XV - Evitar que núcleos tradicionalistas adotem nomes de pessoas vivas; XVI - Repudiar todas as manifestações e formas negativas de exploração direta ou indireta do Movimento Tradicionalista; XVII - Prestigiar e estimular quaisquer iniciativas que, sincera e honestamente, queiram perseguir objetivos correlatos com os do tradicionalismo; XVIII - Incentivar, em todas as formas de divulgação e propaganda, o uso sadio dos autênticos motivos regionais; XIX - Influir na literatura, artes clássicas e populares e outras formas de expressão espiritual de nossa gente, no sentido de que se voltem para os temas nativistas; XX - Zelar pela pureza e fidelidade dos nossos costumes autênticos, combatendo todas as manifestações individuais ou coletivas, que artificializem ou descaracterizem as nossas coisas tradicionais; XXI - Estimular e amparar as células que fazem parte de seu organismo social; XXII - Procurar penetrar e atuar nas instituições públicas e privadas, principalmente nos colégios e no seio do povo, buscando conquistar para o Movimento Tradicionalista Gaúcho a boa vontade e a participação dos representantes de todas as classes e profissões dignas; XXIII - Comemorar e respeitar as datas, efemérides e vultos nacionais e, particularmente o dia 20 de setembro, como data máxima do Rio Grande do Sul; XXIV - Lutar para que seja instituído, oficialmente, o Dia do Gaúcho, em paridade de condições com o Dia do Colono e outros "Dias" respeitados publicamente; XXV - Pugnar pela independência psicológica e ideológica do nosso povo; XXVI - Revalidar e reafirmar os valores fundamentais da nossa formação, apontando às novas gerações rumos definidos de cultura, civismo e nacionalidade; XXVII - Procurar o despertamento da consciência para o espírito cívico de unidade e amor à Pátria; XXVIII - Pugnar pela fraternidade e maior aproximação dos povos americanos; XXIX - Buscar, finalmente, a conquista de um estágio de força social que lhe dê ressonância nos Poderes Públicos e nas Classes Rio-grandenses para atuar real, poderosa e eficientemente, no levantamento dos padrões de moral e de vida do nosso Estado, rumando, fortalecido, para o campo e homem rural, suas raízes primordiais, cumprindo, assim, sua alta destinação histórica em nossa Pátria.[244]

O MTG é uma sociedade civil sem fins lucrativos – semelhante a uma federação –, a qual tem por finalidade a representação e o cultivo do tradicionalismo, amparando e congregando as entidades tradicionalistas – os CTG[245] e entidades afins[246] – em promoção da cultura regionalista. Destacaram-se nesse movimento e levaram seu nome ao Brasil inteiro os folcloristas João Carlos D'Ávila Paixão Côrtes e Luiz Carlos Barbosa Lessa.[247]

Nesse diapasão, as manifestações tradicionalistas gaúchas deveriam seguir à risca a cultura tradicional, do "gauchismo". Porém, é impossível seguir autenticamente o pretérito, tendo em vista a (pós) modernidade da sociedade contemporânea. Então, seria necessária uma adaptação entre o passado e o presente,

---

[244] MOVIMENTO TRADICIONALISTA GAÚCHO – MTG. **Carta de Princípios**. Disponível em: <http://www.mtg.org.br/>. Acesso em: 8 ago. 2017.

[245] De acordo com Luiz Felipe Queiroz, "[...] os CTG são associações de direito privado sem fins lucrativos. Essas entidades tem a intenção de estreitar os laços sociais e, principalmente, os culturais – orientados pela tradição gaúcha, marcadas pelo nativismo." QUEIROZ, Luiz Felipe. Direitos culturais e direitos autorais: a prioridade do tradicionalismo gaúcho como manifestação da cultura regionalista do Rio Grande do Sul. In: CUNHA FILHO, Francisco Humberto (Org.). **Conflitos culturais**: como resolver? como conviver? Coletânea. Fortaleza: IBDCult, 2016. Disponível em: <http://www.direitosculturais.com.br/artigos_interna.php?id=121>. Acesso em: 16 ago. 2017, p. 73.

[246] Nesse caso, entram no contexto entidades como Centros Nativistas, Centros Folclóricos de Tradição, Piquetes de Tradição, Grêmios Tradicionalistas etc.

[247] MTG apud SCHEIBE, Gabriela. **Cultura Gaúcha**: O Tradicionalismo como marca regional. Disponível em: <http://www.webartigos.com/artigos/cultura-gaucha-o-tradicionalismo-como-marca-regional/42028/>. Acesso em: 8 ago. 2017.

com manifestações ajustadas à realidade, mas embasadas pela história primitiva dos povos sulistas. Portanto, a adequação se deu com o MTG.[248]

Diante desse paradoxo em relação ao presente e ao passado perante a tradição gaúcha, segundo Paixão Côrtes

> [...] existem tradicionalistas e gauchistas. Os tradicionalistas, conscientes das mudanças socioeconômicas, e os gauchistas, vivem no passado e não querem saber de evolução, nem de tecnologia, vivem no passado e não de temas inspirados no passado [...] Existe no Tradicionalismo, como em todos os lugares, também os ortodoxos da tradição.[249]

Há um forte discurso, tanto no plano regional, quanto nacional, de que o tradicionalismo gaúcho seria considerado o maior movimento cultural do mundo – há controvérsias. De acordo com Ruben Oliven[250], há uma grande participação direta de pessoas nesse movimento, pois existem mais de 1500 entidades tradicionalistas filiadas ao MTG em todo o planeta. Ademais, o mesmo autor ressalta que

> As décadas de 1980 e 1990 foram marcadas por um grande crescimento das coisas ligadas ao Rio Grande do Sul com a disseminação de Centros de Tradições Gaúchas em todo o estado, em outros estados e países para onde migraram gaúchos, surgimento de vários festivais de música nativista, rodeios, programas de televisão e rádio, colunas de jornais, livros e editoras especializadas, restaurantes e etc. Trata-se de um mercado de bens simbólicos e materiais que movimenta um grande número de pessoas e está em expansão. Este mercado é

---
[248] LESSA, Luiz Carlos Barbosa. **Nativismo, um fenômeno social gaúcho**. Porto Alegre: L&PM, 1985, s/p.
[249] CÔRTES, João Carlos D'Ávila Paixão. **Falando em tradição e folclore gaúcho**. Porto Alegre: Grafosul, 1981, p. 21.
[250] OLIVEN, Ruben. **A parte e o todo**. 2. ed. Petrópolis: Vozes, 2006, p. 13.

formado em boa parte por jovens de cidade e de classe média que provavelmente cairiam de um cavalo se tentassem cavalgá-lo. É também interessante que se formou um campo de debate intelectual em que se digladiam diferentes atores que pretendem falar em nome da tradição gaúcha.[251]

Ainda sobre as manifestações do tradicionalismo gaúcho, que são atividades desenvolvidas pelas entidades tradicionalistas de São Borja, mas também de várias entidades em todo o Brasil, Luiz Felipe Queiroz[252] aduz que

> A cultura tradicionalista se manifesta de várias formas. Uma delas são as atividades de danças típicas de salão, que ocorrem nos CTG, pelo intermédio de invernadas, cada uma pertencente a uma entidade. Também há concursos de poesias, que premiam os membros de acordo com a melhor dicção, texto e postura. Ademais, o tradicionalismo se expressa por meio de rodeios organizados pelas entidades, com a promoção de "tiro de laço", "pealo a pé" etc. Entretanto, há uma das mais valorizadas atividades dessa cultura, que são os fandangos ou bailes gaúchos.[253]

Ademais, segundo o folclorista Paixão Côrtes[254], inicialmente o "bugio"[255] – um ritmo artístico e musical celebrado

---

[251] Ibidem, p. 12.
[252] QUEIROZ, Luiz Felipe Zilli. Direitos culturais e tradição gaúcha: a figura do gaúcho como patrimônio cultural. In: CUNHA FILHO, Francisco Humberto (Org.). **Partilhas culturais:** processos, responsabilidades e frutos: Coletânea. Fortaleza: IBDCult, 2017. Disponível em: <https://www.ibdcult.org/livros>. Acesso em: 20 ago. 2017, p. 193.
[253] As invernadas "[...] são grupos de crianças, adolescentes, jovens e adultos que se unem para ensaiar danças e, posteriormente, apresentar à sociedade suas coreografias." QUEIROZ, Luiz Felipe Zilli. Direitos culturais e direitos autorais: a prioridade do tradicionalismo gaúcho como manifestação da cultura regionalista do Rio Grande do Sul. In: CUNHA FILHO, Francisco Humberto (Org.). **Conflitos culturais:** como resolver? como conviver? Coletânea. Fortaleza: IBDCult, 2016. Disponível em: <http://www.direitosculturais.com.br/artigos_interna.php?id=121>. Acesso em: 16 ago. 2017, p. 74.
[254] CÔRTES, João Carlos D'Ávila Paixão. **Falando em tradição e folclore gaúcho.** Porto Alegre: Grafosul, 1981.
[255] É possível observar a história desse ritmo artístico-musical no livro **Bugio – um gênero musical nativo do Rio Grande do Sul** (2015), de autoria de Salvador Fernando Lamberty.

em eventos promovidos pelas entidades – era tocado em gaita ponto (acordeão de oito foles) – chamada popularmente de gaita de voz trocada, já que ao se abrir e fechar o fole emitia sons que pareciam ser o do ronco/rangido do bugio, um primata da espécie Alouatta guariba clamitans, existente nos biomas Pampa e Mata Atlântica. Barbosa Lessa[256], outro famoso folclorista rio-grandense, expressa que é assim que surge o ritmo essencialmente gaúcho que tem como sua principal característica o jogo de fole. Da mesma forma é a dança, outra forma de manifestação artística, que procurou seguir o primata na sua forma de caminhar, imitando os passos salteados do bugio de um lado para o outro.[257,258]

Portanto, por intermédio dos estudos acima, ficou evidenciado o ambiente em que vivem as entidades tradicionalistas de São Borja, já que são associações que respeitam e promovem o MTG, e levam ao conhecimento das gerações futuras os costumes do passado da região sul do Brasil.

---

[256] LESSA, Luiz Carlos Barbosa. **Nativismo, um fenômeno social gaúcho**. Porto Alegre: L&PM, 1985.

[257] Segundo Léo Ribeiro, "[...] foi para imitar esse ronco que surgiu o único ritmo genuinamente gauchesco, visto que todos os outros (vaneiras, chotes, valsas, etc.) são "importados". A eterna e inútil discussão é onde surgiu o ritmo. Alguns historiadores dizem que foi em São Francisco de Assis, através do gaiteiro Neneca Gomes. Outros, como Os Bertussi, defendem que a origem do balanço sincopado apareceu pela primeira vez lá pelas bodegas do Juá, em São Francisco de Paula, através do gaiteiro Virgílio Leitão." RIBEIRO, Léo. **A origem do ritmo bugio**. 2017. Disponível em: <http://blogdoleoribeiro.blogspot.com.br/2011/05/origem-do-ritmo-bugio.html>. Acesso em: 20 out. 2017.

[258] Já para Adelar Bertussi, "[...] retrata o aparecimento do ritmo em sua terra natal, no interior de São Francisco de Paula. Segundo suas observações, fruto de diversas entrevistas, o gênero já era dançado na região, antes de 1918, pelos bugres descendentes dos índios caingangues que habitavam as encostas do Rio das Antas e serrana os tropeiros birivas açorianos. Uma coisa é certa: foram eles, Os Irmãos Bertussi, os primeiros a gravar um bugio, intitulado Casamento da Doralice, no LP Coração Gaúcho. (apud RIBEIRO, Léo. **A origem do ritmo bugio**. 2017. Disponível em: <http://blogdoleoribeiro.blogspot.com.br/2011/05/origem-do-ritmo-bugio.html>. Acesso em: 20 out. 2017.

4.3 A HISTÓRIA DAS ENTIDADES TRADICIONALISTAS DE SÃO BORJA: CFTG FARROUPILHA, CN BOITATÁ E CTG TROPILHA CRIOULA

Após a análise da tributação do município de São Borja e da exposição acerca do tradicionalismo gaúcho acima, o presente subcapítulo abordará brevemente a memória das entidades tradicionalistas participantes da pesquisa de campo, sobre as quais se investiga a possibilidade de isenção/imunidade tributária. Ademais, é possível considerar também as demais entidades de todo o país, adotando uma postura plural.

A partir dos anos de 1940, surgiram os primeiros Centros de Tradições Gaúchas (CTG) ou centros culturais da tradição gaúcha no Rio Grande do Sul, que são vistos, em uma ótica jurídica, como associações de direito privado sem fins lucrativos. A intenção de criá-los era estreitar os laços sociais e, principalmente, os culturais, com reverências aos antepassados da Revolução Farroupilha e aos costumes dos povos pioneiros, dando prioridade ao nativismo.

Então, é pertinente lembrar que

> [...] o CTG não é apenas uma entidade que reflete sobre a tradição, é também um movimento que procura revivê-la. Dessa maneira, foi necessário recriar os costumes do campo e foi usada uma nomenclatura diferente de outras associações, substituindo o presidente, o vice-presidente, o secretário, o tesoureiro e o diretor, empregando os títulos de patrão, capataz, sota-capataz, agregados, posteiros. Os conselhos consultivos e deliberativos foram renomeados de Conselho de Vaqueanos e os departamentos foram chamados de Invernadas, conseguindo assim uma maior proximidade da cultura do campo.[259]

---

[259] LUVIZOTTO, Caroline Kraus. **As tradições gaúchas e sua racionalização na modernidade tardia** [online]. São Paulo: UNESP; São Paulo: Cultura Acadêmica, 2010, p. 34.

Assim foi em São Borja, com a existência do Centro Folclórico de Tradições Gaúchas (CFTG) Farroupilha, que pode ser considerado de tenra idade, pois fundado em 1 de julho de 1994. Foi iniciado pelos senhores Sílvio Tadeu da Fonseca, João Ramires, Darci Martins Soares, Vilmar Balbueno e entre outros, com sede, primeiramente, na Rua Floriano Peixoto, com nome de Piquete Farroupilha, e posteriormente localizado na Rua Luiz Euclides Braga Chaer, bairro Itacherê – encontrando-se nesse lugar até os dias de hoje.[260]

Segundo o ex-patrão José Luiz Machado[261], o CFTG Farroupilha está sob a administração (patronagem) do senhor Alcindo Fenner, que administra a gestão do ano de 2017. Essa entidade possui o centro artístico com a presença de invernadas e promove típicos eventos musicais, com a animação de fandangos.

Outra entidade tradicionalista de São Borja, participante da pesquisa de campo, é o Centro Nativista (CN) Boitatá. Tem como data de fundação o dia 17 de abril de 1974, considerado por Silva Rillo[262] como "[...] a mais forte materialmente, das entidades nativistas de São Borja e talvez do Estado, com moderna sede social e ampla sede campeira, às margens do Rio Uruguai." Alguns fundadores dessa entidade foram os senhores João Batista Mosquera, Antônio Rodrigues Aguilar, José Candido Leal, além dos demais 47 membros. O Boitatá está localizado no bairro do Passo, junto a Rua Francisco Miranda.[263]

Conforme o atual patrão (administrador) dessa entidade, o senhor Luiz Flávio Ceolin[264], o qual está administrando desde

---

[260] MACHADO, José Luiz Rodrigues. Entrevista concedida a Luiz Felipe Zilli Queiroz. São Borja, 2 set. 2017.
[261] Ibidem.
[262] RILLO, Apparicio Silva. **São Borja em perguntas e respostas**. 2. ed. São Borja: Tricentenário, 1982, p. 41.
[263] CEOLIN, Flávio Luiz. Entrevista concedida a Luiz Felipe Zilli Queiroz. São Borja, 2 set. 2017.
[264] Ibidem.

2015 esse Centro, o Boitatá tem várias atividades nas áreas artísticas, com as manifestações de todos os tipos de invernadas – "chupetinha", "dente de leite", pré-mirim, mirim, juvenil, adulta e "xirua", e musicais, com os "fandangos". De certa forma, o Centro Nativista promove atividades campeiras, mas com poucas realizações anuais.

Por fim, a última entidade tradicionalista participante da pesquisa é o Centro de Tradições Gaúchas (CTG) Tropilha Crioula. Esse CTG é o mais antigo do município de São Borja, tendo em vista que foi fundado em 4 de setembro de 1958. Originou-se como um dos departamentos do Clube Recreativo Samborjense, e "[...] hoje [é] entidade independente, com sede própria na cidade e área para atividades Campeiras nas proximidades do centro urbano."[265] Seus percursores foram os senhores Auriovaldo de Oliveira Britto, Fabio Vallinoto Rocha, Serafim Dornelles Vargas e entre outros. A atual sede está localizada na Rua João Palmeiro, no centro da cidade.

Sendo um dos CTG com mais identidade com o tradicionalismo gaúcho, o Tropilha Crioula tem várias invernadas artísticas e constantes animações musicais ("fandangueiras"), além de promover valiosos eventos campeiros em fazendas coligadas com a entidade.[266]

Diante do exposto, ficaram apresentadas as entidades tradicionalistas de São Borja, participantes da pesquisa de campo que fundamenta o tema desse trabalho, qual seja a isenção fiscal para esses centros de manifestação da cultura tradicionalista gaúcha.

---

[265] RILLO, Apparicio Silva. **São Borja em perguntas e respostas.** 2. ed. São Borja: Tricentenário, 1982, p. 41.
[266] MORGENTAL, Valmor. Entrevista concedida a Luiz Felipe Zilli Queiroz. São Borja, 2 set. 2017.

4.4 ANÁLISES DA PESQUISA DE CAMPO

Com a apresentação da história e da realidade das entidades tradicionalistas de São Borja que foram as escolhidas para a elementar pesquisa de campo anexada neste trabalho, passa-se a análise, pontualmente, dessa pesquisa realizada no ano de 2017.

Faz-se mister, primeiramente, conceber o que é uma pesquisa de campo e posteriormente serão observados os resultados da investigação. Essa é uma pesquisa caracterizada por investigações com a utilização de coleta de dados perante as pessoas – físicas ou jurídicas, sendo essas últimas por representação –, com o aproveitamento, também, de pesquisas bibliográficas e/ou documentais.[267]

Nesse diapasão, a seguir se encontram os gráficos:

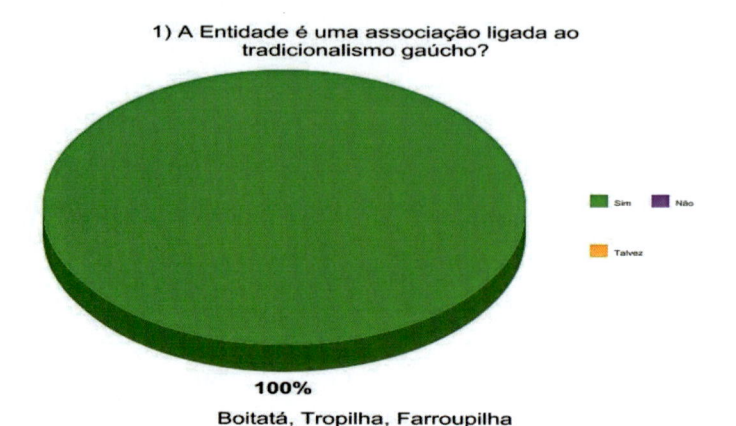

FIGURA 1: A ENTIDADE É UMA ASSOCIAÇÃO LIGADA AO TRADICIONALISMO GAÚCHO?
Fonte: O autor (2017).

---

[267] FONSECA apud CÓRDOVA, Fernanda Peixoto; SILVEIRA, Denise Tolfo. A pesquisa científica. In: GERHARDT, Tatiana Engel; SILVEIRA, Denise Tolfo (Org.). **Métodos de pesquisa**. Porto Alegre: Editora da UFRGS, 2009.

Em relação ao gráfico 1, é possível notar que as três entidades tradicionalistas participantes da pesquisa são associações que seguem as manifestações culturais do tradicionalismo gaúcho.

FIGURA 2: A ENTIDADE TEM ALGUMA FINALIDADE LUCRATIVA?
Fonte: O autor (2017).

Conforme análise do gráfico 2, é possível constatar que as três entidades tradicionalistas de São Borja não possuem finalidade lucrativa, ou seja, a sua existência não é oriunda do lucro, mas de uma associação em prol dos movimentos culturais.

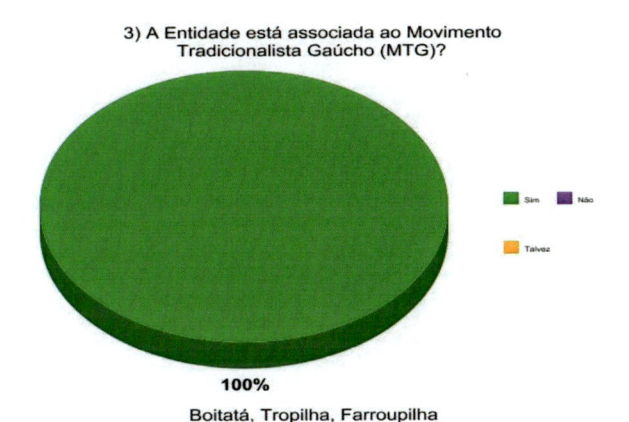

Figura 3: A ENTIDADE ESTÁ ASSOCIADA AO MOVIMENTO TRADICIONALISTA GAÚCHO (MTG)?
Fonte: O autor (2017).

Diante do que já foi observado sobre o Movimento Tradicionalista Gaúcho, uma associação cultural que objetiva as manifestações da tradição gaúcha (gauchismo) e orienta as entidades regionais, o gráfico acima demonstra que as três entidades pesquisadas são filiadas ao MTG.

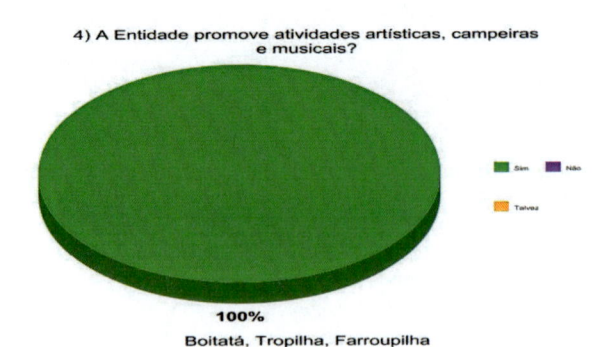

FIGURA 4: A ENTIDADE PROMOVE ATIVIDADES ARTÍSTICAS, CAMPEIRAS E MUSICAIS?
Fonte: O autor (2017).

É possível observar, conforme o gráfico 4, que as três entidades tradicionalistas de São Borja realizam, tanto nas suas sedes, quanto em lugares terceirizados ou cedidos, atividades ligadas às invernadas artísticas, aos rodeios e aos fandangos (bailes).

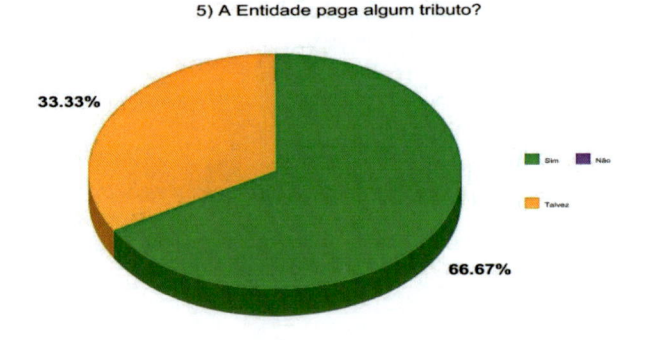

FIGURA 5: A ENTIDADE PAGA ALGUM TRIBUTO?
Fonte: O autor (2017).

De acordo com o gráfico 5, fica cintilante que não é unânime que as três entidades pesquisadas pagam tributos. No entanto, resta claro que 66,6% adimplem tributos, ou seja, pelo menos duas entidades. Além disso, é possível constatar que a terceira entidade (33,3%) talvez pague algum tributo. Assim sendo, pode-se afirmar que a tributação está atingindo as três entidades pesquisadas.

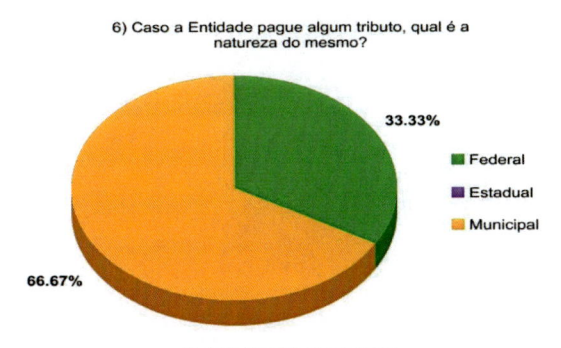

FIGURA 6: CASO A ENTIDADE PAGUE ALGUM TRIBUTO, QUAL É A NATUREZA DELE?
Fonte: O autor (2017).

É possível verificar, conforme o gráfico acima, que pelo menos duas entidades pesquisadas (66,6%) pagam tributos de natureza municipal. Já uma entidade (33,3%) respondeu que adimple tributos de competência federal.

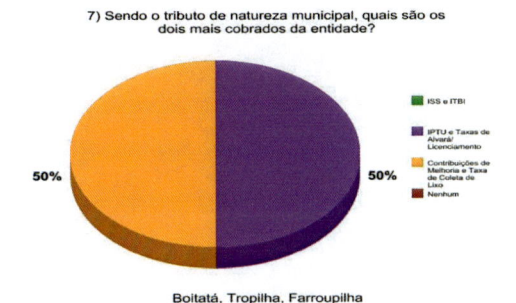

FIGURA 7: SENDO O TRIBUTO DE NATUREZA MUNICIPAL, QUAIS SÃO OS DOIS MAIS COBRADOS DA ENTIDADE?
Fonte: O autor (2017).

Quanto ao gráfico 7, é possível deduzir que as três entidades pesquisadas responderam mais de uma vez, tornando-se evidente que os tributos, de natureza municipal, mais cobrados delas são o Imposto de Predial e Territorial Urbano (IPTU), as taxas de alvará e licenciamento, a taxa de coleta de lixo e contribuições de melhoria.

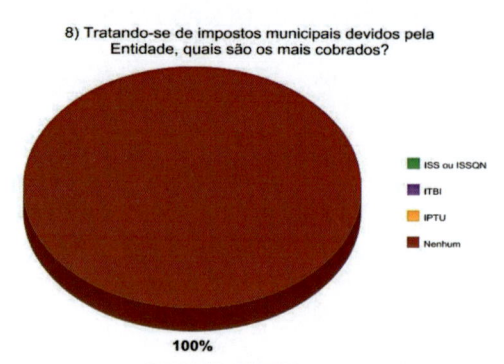

FIGURA 8: TRATANDO-SE DE IMPOSTOS MUNICIPAIS DEVIDOS PELA ENTIDADE, QUAIS SÃO OS MAIS COBRADOS?
Fonte: O autor (2017).

Em relação ao gráfico *supra*, fica evidenciado que nenhuma entidade participante da pesquisa (100%) é cobrada ou deve impostos de competência do município.

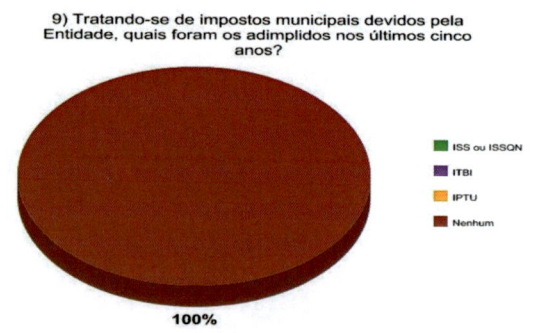

FIGURA 9: TRATANDO-SE DE IMPOSTOS MUNICIPAIS DEVIDOS PELA ENTIDADE, QUAIS FORAM OS ADIMPLIDOS NOS ÚLTIMOS CINCO ANOS?
Fonte: O autor (2017).

Corroborando o resultado do gráfico anteriormente comentado, o gráfico 9 também aduz que as três entidades tradicionalistas de São Borja não adimpliram impostos municipais há cinco anos, perfectibilizando 100% no resultado "nenhum".

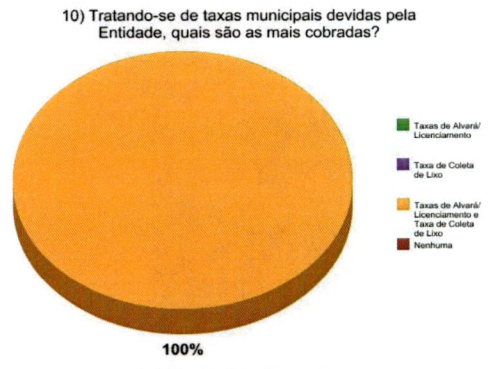

FIGURA 10: TRATANDO-SE DE TAXAS MUNICIPAIS DEVIDAS PELA ENTIDADE, QUAIS SÃO AS MAIS COBRADAS?
Fonte: O autor (2017).

Conforme o gráfico 10, fica confirmado que as três entidades tradicionalistas participantes da pesquisa pagam, de forma unânime (100%), taxas municipais. Assim, as taxas mais cobradas pela prefeitura de São Borja são as de alvará de funcionamento, licenciamento e a de coleta de lixo urbano.

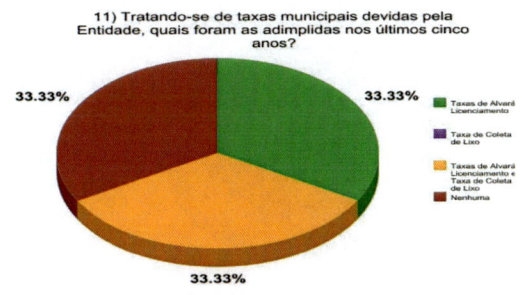

FIGURA 11: TRATANDO-SE DE TAXAS MUNICIPAIS DEVIDAS PELA ENTIDADE, QUAIS FORAM AS ADIMPLIDAS NOS ÚLTIMOS CINCO ANOS?
Fonte: O autor (2017).

É possível analisar que as três entidades tradicionalistas participantes da pesquisa estão divididas quanto às taxas adimplidas nos últimos cinco anos. De acordo com o gráfico acima, 33,3% efetivamente pagou as taxas de alvará/licenciamento e de coleta de lixo, conjuntamente, ou alguma delas, sendo que uma entidade (33,3%) não efetuou o adimplemento de nenhuma.

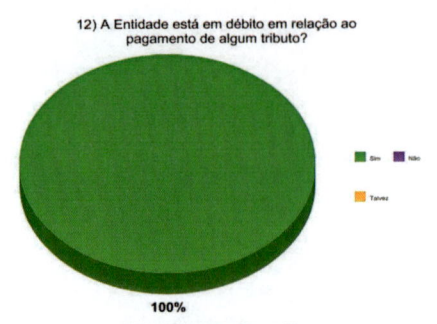

FIGURA 12: A ENTIDADE ESTÁ EM DÉBITO EM RELAÇÃO AO PAGAMENTO DE ALGUM TRIBUTO?
Fonte: O autor (2017).

Por meio do gráfico 12 exposto acima, torna-se evidente a dificuldade financeira que as três entidades tradicionalistas participantes da pesquisa estão enfrentando, haja vista que todas (100%) estão em débito em relação ao pagamento de algum tributo, independentemente da espécie tributária.

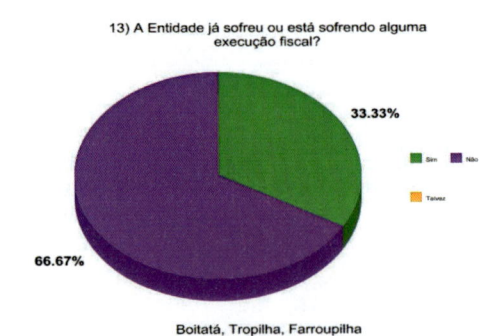

FIGURA 13: A ENTIDADE JÁ SOFREU OU ESTÁ SOFRENDO ALGUMA EXECUÇÃO FISCAL?
Fonte: O autor (2017).

Em relação ao gráfico 13, observa-se que duas entidades (66,6%) participantes da pesquisa não sofreram e nem estão sofrendo alguma execução fiscal. Entretanto, uma entidade está figurando no polo passivo de uma execução fiscal. Assim, fica corroborado que há dificuldade na mantença dessas associações.

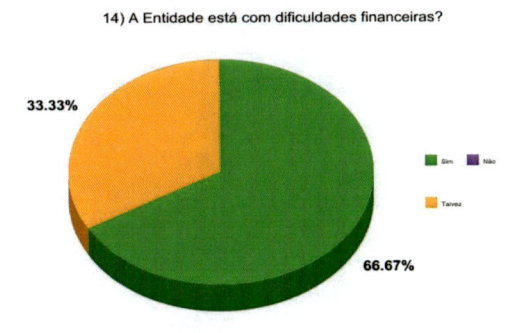

FIGURA 14: A ENTIDADE ESTÁ COM DIFICULDADES FINANCEIRAS?
Fonte: O autor (2017).

Mais um indício veemente sobre as dificuldades financeiras enfrentadas pelas entidades tradicionalistas de São Borja se consolida com a análise do gráfico acima, eis que as próprias entidades – no caso duas (66,6%) – estão com problemas financeiros. Apenas uma (33,3%) está "bem" financeiramente.

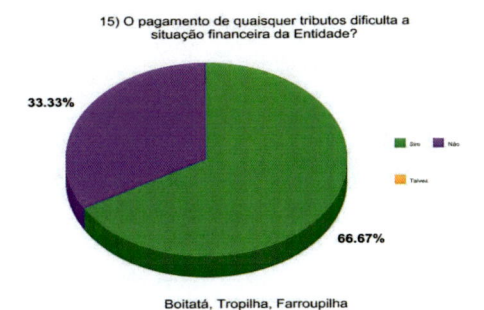

FIGURA 15: O PAGAMENTO DE QUAISQUER TRIBUTOS DIFICULTA A SITUAÇÃO FINANCEIRA DA ENTIDADE?
Fonte: O autor (2017).

É possível constatar, de acordo com o gráfico 15, a sintonia desse gráfico com os demais apresentados, já que duas entidades pesquisadas (66,6%) confirmam que o pagamento de tributos dificulta a situação financeira delas, enquanto uma (33,3%) respondeu que não há problema.

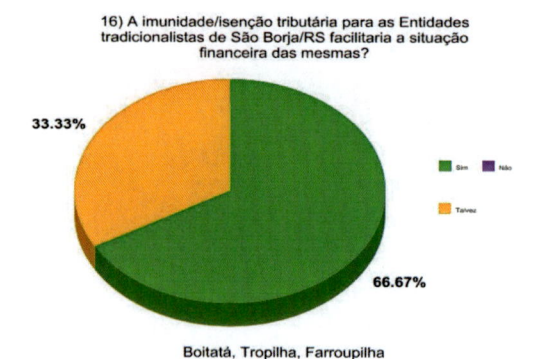

FIGURA 16: A IMUNIDADE/ISENÇÃO TRIBUTÁRIA PARA AS ENTIDADES TRADICIONALISTAS DE SÃO BORJA FACILITARIA A SITUAÇÃO FINANCEIRA DAS MESMAS?
Fonte: O autor (2017).

Conforme o gráfico 16, duas entidades tradicionalistas (66.6%) participantes da pesquisa concordaram que a imunidade/isenção tributária para as entidades tradicionalistas de São Borja seria uma forma de graduação da situação financeira das mesmas, mas apenas uma entidade (33,3%) não tem certeza se facilitaria, podendo ensejar positivamente ou negativamente.

Diante de uma pergunta e resposta isolada, se a imunidade/isenção tributária para

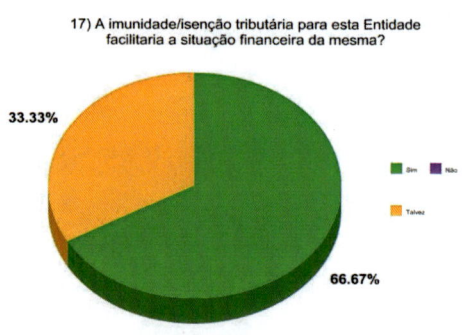

FIGURA 17: A IMUNIDADE/ISENÇÃO TRIBUTÁRIA PARA ESTA ENTIDADE FACILITARIA A SITUAÇÃO FINANCEIRA DELA?
Fonte: O autor (2017).

cada entidade facilitaria a situação financeira dela, duas entidades participantes (66,6%) da pesquisa afirmaram que sim, enquanto outra – apenas uma (33,3%) – respondeu que talvez.

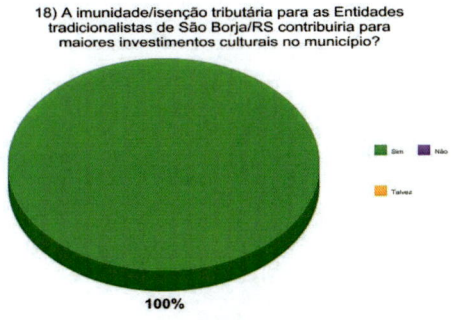

FIGURA 18: A IMUNIDADE/ISENÇÃO TRIBUTÁRIA PARA AS ENTIDADES TRADICIONALISTAS DE SÃO BORJA CONTRIBUIRIA PARA MAIORES INVESTIMENTOS CULTURAIS NO MUNICÍPIO?
Fonte: O autor (2017).

Em uma visão mais abrangente em relação à isenção/imunidade tributária para as entidades tradicionalistas de São Borja, todas (100%) concordam que essa política contribuiria para maiores investimentos culturais no município, caso seja implantada.

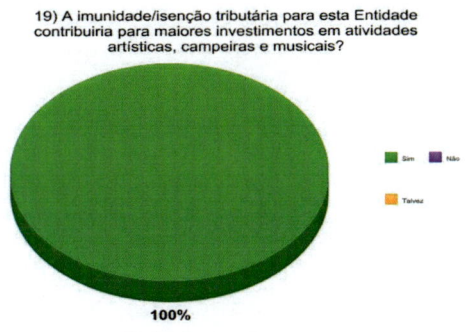

FIGURA 19: A IMUNIDADE/ISENÇÃO TRIBUTÁRIA PARA ESTA ENTIDADE CONTRIBUIRIA PARA MAIORES INVESTIMENTOS EM ATIVIDADES ARTÍSTICAS, CAMPEIRAS E MUSICAIS?
Fonte: O autor (2017).

Já de uma forma individualizada, pertinente a cada entidade pesquisada, todas (100%) responderam que aprovam a imunidade/isenção tributária, haja vista que isso facilitaria a promoção de investimentos nas áreas artísticas, campeiras e musicais das mesmas.

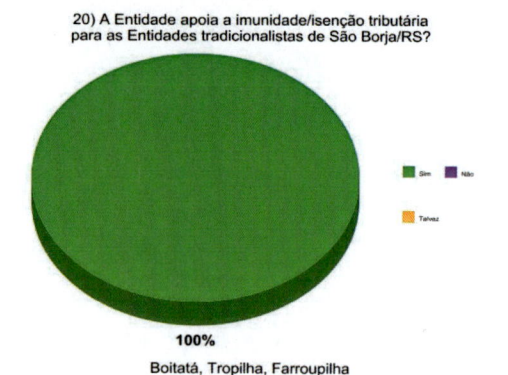

FIGURA 20: A ENTIDADE APOIA A IMUNIDADE/ISENÇAÕ TRIBUTÁRIA PARA AS ENTIDADES TRADICIONALISTAS DE SÃO BORJA?

Fonte: O autor (2017).

Por fim, o último gráfico exposto acima, gráfico 20, traz a confirmação das três entidades tradicionalistas de São Borja (100%), que participaram da pesquisa de campo, quanto ao apoio à imunidade/isenção fiscal para as entidades tradicionalistas desse município. Portanto, esse gráfico corrobora a proposta desenvolvida pelo livro.

4.5 A NECESSIDADE DA ISENÇÃO FISCAL PARA A PROTEÇÃO DA CULTURA TRADICIONALISTA

De acordo com a exposição dos gráficos acima, fica evidente que as entidades tradicionalistas pesquisadas estão com dificuldades financeiras. Muitas vezes, essas dificuldades se prosperam pela incompetência administrativa das mesmas. Entretanto, não é por esse motivo, somente, que esses centros culturais estão falindo e fechando suas portas.

Os problemas financeiros das entidades tradicionalistas se dão pelos poucos investimentos públicos e privados na seara da cultura. Além disso, essas entidades trabalham com parcos recursos, haja vista que não possuem um número suficiente de sócios – muitos são sócios remidos, que não contribuem mais –, diminuindo a arrecadação econômica. Também há muitos gastos com despesas ordinárias, como água, energia elétrica, telefonia, internet, limpeza etc. Sem contar com os dispêndios extraordinários, diante da manutenção das sedes.

Então, ficam comprometidas as manifestações artísticas, campeiras e musicais dessas entidades pela dificuldade financeira encontrada. Muitas têm medo de arriscar na promoção de eventos justamente para não prejudicar mais as associações.

Por isso, defende-se a isenção tributária para essas entidades tradicionalistas de São Borja, mas também as de todo o país, com o objetivo de diminuir, cada vez mais, as despesas. Com isso, facilitaria o mantimento das mesmas. Isso se ratifica com a pesquisa de campo, já que elas defendem a isenção fiscal, tanto para a benesse da própria entidade, quanto para as demais.

A isenção fiscal para as entidades tradicionalistas de São Borja pode não atingir os impostos, tendo em vista que, de acordo com o questionário, as entidades não têm cobranças tributárias, a princípio e neste ano de 2018, de IPTU, ITBI e ISSQN.[268] Porém, a desobrigação pode recair em taxas, já que são várias as cobranças, de acordo com o Código Tributário Municipal. Já em outros municípios além de São Borja, poderá recair em impostos também, o que serve de alerta e consideração.

---

[268] Não há, por enquanto, uma cobrança direta desses tributos, conforme a pesquisa de campo. No entanto, muitos grupos musicais que vêm animar eventos culturais, musicais e artísticos nestas entidades estão sendo obrigados a recolher o ISSQN. O conjunto que tenha conhecimento dessa cobrança, onera mais a entidade diante do elevado custo de contrato para prestar o serviço musical. Portanto, se há a cobrança de ISS pela Prefeitura, o grupo cobra mais caro; se não tiver a cobrança, cobra mais barato. Todo esse contexto permite a observação de um elevado custo que as entidades sofrem, indiretamente, com a tributação de serviços artísticos musicais, acarretando em poucos investimentos em fandangos e eventos artísticos e musicais pelas entidades tradicionalistas gaúchas.

Outrossim, há a isenção fiscal para demais entidades no município por reclamos éticos, morais e sociais, conforme se depreende das leis municipais de numeração 3.870/2007[269], 2.556/1997[270], 2.606/1998[271], 2.553/1997[272] e entre outras. No entanto, só há uma observação legislativa com clamores culturais, que é o artigo 127, § 3º, da Lei Orgânica do município de São Borja: "[...] ficam estendidas às entidades de cultura, recreativas, de lazer, esportivas e comunitárias, sem fins lucrativos, as imunidades consagradas no art. 150, VI, 'c', da Constituição Federal."[273]

Porém, essa previsão legal de o poder público municipal são-borjense isentar é ambígua, pois não define o que são entidades de cultura e as imunidades previstas na Constituição Federal são pertinentes somente aos impostos, conforme o artigo supramencionado, e não são admitidas às taxas. Por isso, há a necessidade de uma legislação própria – um favor – para isentar de todos e quaisquer tributos às entidades tradicionalistas de São Borja. O mesmo exemplo de política parafiscal e cultural de isenção deveria ser seguida por todos os demais municípios e estados que têm esses centros culturais de tradicionalismo gaúcho.[274]

---

[269] Essa Lei institui o Programa de Incentivo a Construção Civil, por meio da isenção de impostos e taxas e dá outras providências.

[270] Essa lei concede a remissão e a isenção de taxas municipais à Fundação Ivan Goulart e ao Hospital de beneficência São Francisco de Borja.

[271] No caso dessa Lei há a instituição de isenções de tributos às empresas que se instalarem no Complexo Comercial junto à Ponte Internacional.

[272] Outro caso de isenção tributária, já que concede a isenção de Alvará de Localização e Diploma de Honra ao Mérito a quadra melhor ornamentada com motivos natalinos e dá outras providências.

[273] SÃO BORJA. **Lei Orgânica municipal.** Câmara Municipal de Vereadores. São Borja, RS, 3 abr. 1990. Disponível em: <http://www.saoborja.rs.gov.br/images/conteudo/ARQUIVOS2017/fazenda/lei_organcia_municpal.pdf>. Acesso em: 20 ago. 2017.

[274] Outra taxa que deveria ser isentada das entidades tradicionalistas de São Borja e das demais cidades é a dos bombeiros, que libera o alvará para funcionamento, diante das normas de segurança, prevenção e proteção de incêndios. Para a realização de eventos, a entidade deve apresentar um Plano de Prevenção Contra Incêndio (PPCI) e efetivar o pagamento de taxa, sobre a qual o Estado tem competência para cobrança. Está regulamentado pela Lei Complementar n.º 14.376/2013 do Estado do Rio Grande do Sul, juntamente complementada com a Resolução Técnica n.º 5 do Corpo de Bombeiros do mesmo estado.

CAPÍTULO 5

CONSIDERAÇÕES FINAIS

Após o interregno do Iluminismo, a cultura começou a se modificar, consolidando-se como fonte de desenvolvimento ético, educacional e social. O Brasil, preocupado com suas identidades culturais, procurou desenvolver políticas de investimentos e incentivos à cultura. Uma dessas políticas é a tutela jurídica dela. Dessa forma, emergiram os direitos culturais, com o viés de preservar e prestar a cultura – e suas manifestações – nos estados ou municípios em que ela é recepcionada.

Por meio dos direitos culturais, foi possível observar as políticas de fomento à cultura, as quais poderão contribuir para o desenvolvimento de entidades tradicionalistas existentes em todo o país. Esses centros de cultura têm dificuldades de mantimento, necessitando de medidas protetivas para a vivência sadia e a promoção de eventos culturais.

É grandiosa a importância deste trabalho para o município de São Borja, mas também para todos os municípios que manifestam a cultura tradicionalista gaúcha, tendo em vista que trouxe estudos sobre os direitos culturais e o direito tributário como meios de promoção e valorização da cultura regionalista do Rio Grande do Sul – atingindo demais estados sulistas ou não. A exteriorização dessa cultura tem prestígio nacional, pois invoca padrões estruturais de uma cultura autenticamente sul-americana, criando identidades e modus operandi para quem a segue. Por isso, deve ser protegida e fomentada.

Nesse diapasão, o primeiro capítulo procurou demonstrar que os direitos culturais estão ratificados no direito brasileiro, diante da constitucionalização, da fundamentalidade, da principiologia, das legislações esparsas e da doutrina. Foi possível observar que a própria concepção de cultura faz guarida às manifestações tradicionalistas que existem no Rio Grande do Sul e no restante do país, permitindo adentrar na tutela jurídica dela, diante desse reconhecimento.

Com isso, por meio da análise sobre os princípios constitucionais culturais, concluiu-se que as entidades tradicionalistas de São Borja, bem como as demais existentes em todo o país, são associações culturais e merecem a salvaguarda dos princípios do pluralismo cultural, da participação popular e da universalidade. Essas entidades têm o direito de exigir imediatamente que se cumpram todos os seus direitos ligados à Constituição, já que são direitos individuais e fundamentais de cada uma. Então, foi possível analisar que as políticas públicas culturais também se constituem por meio de incentivos fiscais, dos quais merecem destaque as isenções e/ou imunidades tributárias.

O segundo capítulo estudou o fenômeno da tributação, com a ótica voltada para o direito tributário brasileiro. Assim, ficou evidenciado que os tributos têm caráter fiscal e extrafiscal para o aparelhamento do Estado na prestação de serviços públicos gerais e específicos. Essa seara do direito está constitucionalizada e abarcada por princípios. Com isso, percebesse que as entidades tradicionalistas gaúchas estão sujeitas ao pagamento de tributos.

Logo, como as entidades são contribuintes, foi possível observar os tipos de tributos que recaem às mesmas, merecendo destaque a tributação municipal. Também foi possível contemplar o paradoxo envolvendo a imunidade e a isenção tributária. As duas têm características diferentes, mas o fim atingido é o mesmo: a não cobrança de tributos por meio de negação constitucional e legal. Logo, a isenção fiscal seria uma forma de respeito ao princípio da capacidade contributiva e serviria como política tributária por reclamos de ordem ética, moral, social, e também cultural, de contribuintes que estão com dificuldades financeiras e de mantimento, atentando a sua dignidade.

Já o terceiro capítulo expôs o Sistema Tributário Municipal em que as entidades tradicionalistas de São Borja estão abarcadas. Foi possível constatar os tipos de tributos incidentes a essas entidades, com o auxílio da Lei Orgânica e o Código Tributário do município. Ademais, ficou explicitado o tradicionalismo gaúcho, conforme a orientação do Movimento Tradicionalista, distinguindo-se da cultura regionalista do Rio Grande do Sul e da tradição gaúcha.

Nesse contexto, por opção do autor, foram apresentadas as entidades tradicionalistas de São Borja, com a participação do CFTG Farroupilha, do CN Boitatá e do CTG Tropilha Crioula. A história e a realidade hodierna dessas entidades foram contempladas, por meio de entrevistas com seus respectivos administradores. Também se oportunizou a análise dos resultados práticos da pesquisa de campo, que foi demonstrada por gráficos. Pode-se concluir que as três entidades pesquisadas sofrem problemas financeiros e que elas apoiam políticas tributário-culturais, como a isenção fiscal, para a melhor gerência dessas associações, seguindo a mesma linha das demais entidades sociais do município, que também se desobrigaram por meio de leis.

A pesquisa apresenta algumas repostas ao problema suscitado no início deste trabalho. Foi possível considerar, por meio das análises sobre os direitos culturais e o direito tributário, que existem mecanismos e institutos, como as políticas culturais e a isenção/imunidade tributária, que poderiam facilitar a vivência das entidades tradicionalistas gaúchas e, ao mesmo tempo, contribuir na promoção das manifestações culturais em todas as cidades que a recepcionam. E isso se torna cintilante com os resultados da pesquisa de campo, os quais corroboram a existência das dificuldades financeiras dessas entidades, justamente pela alta carga tributária, de modo que a isenção/imunidade seria um favor considerável para as mesmas.

Diante disso, a solução do problema seria a criação, por meio do poder público do município de São Borja e dos demais municípios, de uma lei que desobriga as entidades tradicionalistas do pagamento de quaisquer tributos, sejam eles impostos, taxas ou contribuições de melhoria. No mesmo sentido, o estado do Rio Grande do Sul, que por meio da assembleia legislativa, deveria criar uma lei que isenta as entidades tradicionalistas gaúchas do pagamento de quaisquer tributos, principalmente as taxas. Em nível nacional, por mais complexo que seja, deveria ser proposta uma Emenda Constitucional prevendo a imunidade fiscal para todos os centros de cultura do país. Essa imunização deveria recair não somente aos impostos, mas a toda a carga tributária. Sendo assim, as manifestações culturais estariam preservadas.

Portanto, o livro procurou demonstrar por meios teóricos e práticos (estatísticos) o problema existente, tendo como exemplo o município de São Borja, em relação às atividades das entidades tradicionalistas gaúchas. Por fim, por meio de análises mais singulares sobre as políticas públicas culturais, poderá haver um maior aprofundamento deste trabalho no futuro.

REFERÊNCIAS

ALEXY, Robert. **El concepto y la validez del derecho**. 2. ed. Barcelona: Gedisa, 1997.

ALMEIDA, Daniela Lima de; CUNHA FILHO, Francisco Humberto. Direitos culturais e diversidade cultural. In: BARROS, José Márcio; KAUARK, Giuliana; MIGUEZ, Paulo (Org.). **Dimensões e desafios políticos para a diversidade cultural**. Salvador: EDUFBA, 2014.

AMARO, Luciano. **Direito tributário brasileiro**. 20. ed. rev. e atual. São Paulo: Saraiva, 2014.

AMED, Fernando José; NEGREIROS, José Labriola de Campos. **História dos tributos no Brasil**. São Paulo: edição SINAFRESP, 2000.

ARAUJO, Luiz Alberto David; NUNES JÚNIOR, Vidal Serrano. **Curso de Direito Constitucional**. 9. ed. São Paulo: Saraiva, 2005.

ATALIBA, Geraldo. **Sistema constitucional tributário brasileiro**. São Paulo: Revista dos Tribunais, 1968.

AUGUSTO, M.H.O. Políticas sociais e políticas de saúde: algumas questões para reflexão e debate. Tempo Social: **Revista de Sociologia da USP**, São Paulo, v. 1, n. 2, p. 105-119, 1989.

ÁVILA, Humberto. **Sistema constitucional tributário**. 5. ed. São Paulo: Saraiva, 2012.

BALEEIRO, Aliomar. **Uma introdução à ciência das finanças**. 18. ed. rev. e atual. por Hugo de Brito Machado Segundo. Rio de Janeiro: Forense, 2012.

BALTHAZAR, Ubaldo César. **História do Tributo no Brasil**. Florianópolis: Fundação Boiteaux, 2005.

BARRETO, Aires F. **Curso de direito tributário municipal**. 2. ed. São Paulo: Saraiva, 2012.

BELING, Jussara Janning Xavier. Políticas culturais. **Revista Ponto de vista**, Florianópolis, n. 6/7, p. 79-96, 2005. Disponível em: <https://periodicos.ufsc.br/index.php/pontodevista/issue/view/716/showToc>. Acesso em: 20 ago. 2017.

BIDAULT, Mylène; BISCH, Patrice Meyer. (Org.). **Afirmar os direitos culturais**: comentário à declaração de Friburg. Tradução Ana Goldberg. São Paulo: Iluminuras, 2014.

BONAVIDES. **Curso de Direito Constitucional**. 12. ed. São Paulo: Malheiros, 2002.

BORCHHARDT, Eveline; SANTOS, Xana; SILVA, Jardel Vitor. Historiografias da redução de São Francisco de Borja. In: PINTO, Muriel; SILVA, Jardel Vitor. (Org.). **História,** memória e as paisagens culturais da cidade histórica de São Borja. 2. ed. Herval do Oeste/SC: Polimpressos, 2015.

BOSI, Alfredo. **Dialética da colonização**. São Paulo: Companhia das Letras, 1992.

BOTELHO, Isaura. Dimensões da Cultura e Políticas Públicas. **Revista São Paulo Perspectivas,** v. 15, n. 2, São Paulo, abr./jun. 2001. Disponível em: <http://www.scielo.br/scielo.php?script=sci_arttext&pid=S0102-88392001000200011>. Acesso em: 20 ago. 2017.

BRASIL. **Constituição da República Federativa do Brasil de 1988.** Casa Civil, Brasília, DF, 5 out. 1988. Disponível em: <http://www.planalto.gov.br/ccivil_03/constituicao/constitui%C3%A7ao.htm>. Acesso em: 8 ago. 2017.

_____. Emenda Constitucional n.º 48. **Acrescenta o § 3º ao art. 215 da Constituição Federal, instituindo o Plano Nacional de Cultura.** Casa Civil, Brasília, DF, 10 ago. 2005. Disponível em: <http://www.planalto.gov.br/ccivil_03/constituicao/emendas/emc/emc48.htm>. Acesso em: 8 ago. 2017.

_____. Emenda Constitucional n.º 71. **Acrescenta o art. 216-A à Constituição Federal para instituir o Sistema Nacional de Cultura.** Casa Civil, Brasília, DF, 29 nov. 2012. Disponível em: <http://www.planalto.gov.br/ccivil_03/constituicao/emendas/emc/emc71.htm>. Acesso em: 8 ago. 2017.

_____. Lei complementar n.º 116, de 31 de julho de 2003. **Dispõe sobre o Imposto Sobre Serviços de Qualquer Natureza, de competência dos Municípios e do Distrito Federal, e dá outras providências.** Casa Civil, Brasília, DF, Diário Oficial da União, 31 jul. 2003. Disponível em: <http://www.planalto.gov.br/ccivil_03/leis/LCP/Lcp116.htm>. Acesso em: 20 ago. 2017.

_____. Lei n.º 5.172, de 25 de outubro de 1966. **Institui o Código Tributário Nacional.** Casa Civil, Diário Oficial da União, Brasília, DF, 25 out. 1966. Disponível em: <http://www.planalto.gov.br/ccivil_03/leis/L5172Compilado.htm>. Acesso em: 20 ago. 2017.

_____. Lei n.º 7.505 de 2 de julho de 1986. **Dispõe sobre benefícios fiscais na área do imposto de renda concedidos a operações de caráter cultural ou artístico.** Casa Civil, Diário Oficial da União, Brasília, DF, 2 jul. 1986. Disponível em: <http://www.planalto.gov.br/ccivil_03/leis/L7505.htm>. Acesso em: 20 ago. 2017.

_____. Lei n.º 8.313 de 23 de dezembro de 1991. **Restabelece princípios da Lei nº 7.505, de 2 de julho de 1986, institui o Programa Nacional de Apoio à Cultura (Pronac) e dá outras providências.** Casa Civil, Diário Oficial da União, Brasília, DF, 23 dez. 1991. Disponível em: <http://www.planalto.gov.br/ccivil_03/leis/L8313cons.htm>. Acesso em: 20 ago. 2017.

_____. Lei n.º 12.343 de 2 de dezembro de 2010. **Institui o Plano Nacional de Cultura - PNC, cria o Sistema Nacional de Informações e Indicadores Culturais - SNIIC e dá outras providências.** Casa Civil, Diário Oficial da União, Brasília, DF, 2 dez. 2010. Disponível em: <http://www.cultura.gov.br/documents/10907/963783/Lei+12.343++PNC.pdf/e9882c97-f62a-40de-bc74-8dc694fe777a>. Acesso em: 20 ago. 2017.

BRUM, Ceres Karam. **Tradicionalismo e educação no Rio Grande do Sul.** Cadernos de Pesquisa, v. 39, n. 138, set./dez. 2009, Scielo. Disponível em: <http://www.scielo.br/pdf/cp/v39n138/v39n138a05.pdf>. Acesso em: 16 ago. 2017.

BULOS, Uadi Lammêgo. **Mutação Constitucional.** São Paulo: Saraiva, 1997.

CALABRE, Lia. História das políticas culturais na América Latina: um estudo comparativo de Brasil, Argentina, México e Colômbia. **Revista Escritos da Fundação da Casa de Rui Barbosa**, Rio de Janeiro, ano 7, n. 7, p. 323-345, 2013. Disponível em: <http://www.casaruibarbosa.gov.br/escritos/numero07/escritos%207_12_historia%20das%20politicas%20culturais.pdf>. Acesso em: 20 ago. 2017.

CARNEIRO, Claudio. **Curso de direito tributário e financeiro.** 4. ed. São Paulo: Saraiva, 2012.

CARVALHO, Paulo de Barros. **Curso de direito tributário.** 18. ed. rev. e atual. São Paulo: Saraiva, 2007.

CAVALCANTE, José Estênio Raulino. Direitos culturais e direitos humanos: uma leitura à luz dos tratados internacionais e da constituição federal. **Revista eletrônica Díke**, v. 1, n. 1, jan./jul. 2011. Disponível em: <http://www2.tjce.jus.br:8080/dike/wp-content/uploads/2010/11/Estenio-Raulino.pdf>. Acesso em: 18 ago. 2017.

CEOLIN, Flávio Luiz. Entrevista concedida a Luiz Felipe Zilli Queiroz. São Borja, 2 set. 2017.

CERTEAU, Michel de. **A invenção do cotidiano.** Rio de Janeiro: Vozes, 1994.

CHAUÍ, Marilena. **Convite à Filosofia.** São Paulo: Ática, 2001.

COELHO, José Teixeira. **Dicionário crítico de política cultural:** cultura e imaginário. São Paulo: Iluminuras, 1997.

CÓRDOVA, Fernanda Peixoto; SILVEIRA, Denise Tolfo. A pesquisa científica. In: GERHARDT, Tatiana Engel; SILVEIRA, Denise Tolfo (Org.). **Métodos de pesquisa.** Porto Alegre: Editora da UFRGS, 2009.

CÔRTES, João Carlos D'Ávila Paixão. **Falando em tradição e folclore gaúcho.** Porto Alegre: Grafosul, 1981.

CORREIA, Emanuelle Araujo. Evolução histórica do tributo: limitação do poder de tributar. **Revista Diritto & Diritti**, Itália, p. 1-14, fev. 2010. Disponível em: <https://www.diritto.it/evolucao-historica-do-tributo-limitacao-do-poder-de-tributar/>. Acesso em: 20 ago. 2017.

COSTA, Rodrigo Vieira. Cultura e patrimônio cultural na Constituição da República de 1988 – a autonomia dos direitos culturais. **Revista CPC**, São Paulo, n. 6, p. 21-46, maio/out. 2008. Disponível em: <http://www.revistas.usp.br/cpc/article/viewFile/15623/17197>. Acesso em: 18 ago. 2017.

COSTA NETTO, José Carlos. **Direito Autoral no Brasil.** 2.ed. São Paulo: FTD, 2008.

CUNHA FILHO, Francisco Humberto. **Direitos culturais como direitos fundamentais no ordenamento jurídico brasileiro.** Brasília: Brasília Jurídica, 2000.

_____. Francisco Humberto. **Cultura e democracia na Constituição Federal de 1988:** a representação de interesses e sua aplicação ao Programa Nacional de Apoio à Cultura. Rio de Janeiro: Letra Legal, 2004.

CUREAU, Sandra; LEUZINGER, Márcia Dieguez. **Direito Ambiental**. 1. ed. Rio de Janeiro: Campus Jurídico, 2008.

DIAS, Rodrigo Manoel Dias da. As políticas culturais brasileiras na contemporaneidade: mudanças institucionais e modelos de agenciamento. **Revista Sociedade e Estado**, v. 29, n. 1, jan./abril 2014. Disponível em: <http://www.scielo.br/scielo.php?pid=S0102-69922014000100011&script=sci_abstract>. Acesso em: 2 de abr. 2018

DICIO. **Dicionário online.** Disponível em: <https://www.dicio.com.br>. Acesso em: 27 abr. 2018.

DIFINI, Luiz Felipe Silveira. **Manual de Direito Tributário.** 4. ed. atual. São Paulo: Saraiva, 2008.

DWORKIN, R. M. **Levando os direitos a sério.** São Paulo: Martins Fontes, 2002.

FERRARI, Carlos Gilberto Melchior Rodrigues Sansalone. **História do Direito Tributário - Da origem a aplicação no Brasil.** Disponível em: <https://www.portaleducacao.com.br/conteudo/artigos/direito/historia-do-direito-tri-butario-da-origem-a-aplicacao-no-brasil/47915>. Acesso em: 20 ago. 2017.

FERREIRA, Aurélio Buarque de Holanda. **Novo Aurélio Século XXI:** o dicionário da língua portuguesa. 3. ed. rev. e atual. Rio de Janeiro: Nova Fronteira, 1999.

GALUPPO, Marcelo Campos. Os princípios jurídicos no Estado Democrático de Direito: ensaio sobre o seu modo de aplicação. **Revista de informação legislativa,** v. 36, n. 143, p. 191-209, jul./set. 1999. Disponível em: <http://www2.senado.leg.br/bdsf/handle/id/514>. Acesso em: 20 ago. 2017.

GOHARA, Marcio Shinichi; OLIVEIRA, Joice Aparecida de; SANTOS, Miriane Vanessa dos. **ICMS substituição tributária e seu impacto na formação de preços e na necessidade de capital de giro das empresas.** 2013, 92 f. Trabalho de Conclusão de Curso (Graduação em Ciências Contábeis) – Centro Universitário Eurípides de Marília – UNIVEM, Marília, 2013.

GROFF, Paulo; PAGEL, Rogério. Multiculturalismo: Direitos das minorias na era da globalização. **Revista USCS** – Direito, ano X, n. 16, jan./jun. 2009. Disponível em: <http://seer.uscs.edu.br/index.php/revista_direito/article/view/862/717>. Acesso em: 2 set. 2017.

HARADA, Kiyoshi. **Direito financeiro e tributário.** 25. ed. rev., atual. e ampl. São Paulo: Atlas, 2016.

HÄBERLE, Peter. **Introducción a la Teoria de la Constitución como Ciencia de la Cultura.** Madrid, 2000.

HALL, Stuart. **A identidade cultural na pós-modernidade.** Tradução Tomaz Tadeu da Silva e Guacira Lopes Louro. 11. ed. Rio de Janeiro: DP&A, 2006.

ICHIHARA, Yoshiaki. **Imunidades tributárias.** São Paulo: Atlas, 2000.

INSTITUTO BRASILEIRO DE GEOGRAFIA E ESTATÍSTICA – IBGE. **Censo demográfico.** 2010. Disponível em: <http://www.ibge.gov.br/home/estatistica/populacao/censo2010/indicadores_sociais_municipais/default_indicadores_sociais_municipais.shtm>. Acesso em: 20 ago. 2017.

INSTITUTO DO PATRIMÔNIO HISTÓRICO E ARTÍSTICO NACIONAL - IPHAN. **Conferência Mundial sobre as Políticas Culturais.** Disponível em: <http://portal.iphan.gov.br/uploads/ckfinder/arquivos/Declaracao%20do%20Mexico%201985.pdf >. Acesso em: 26 abr. 2018.

IRIGARAY, Micheli Capuano; MARTINS, Evilhane Jum. Sociobiodiversidade e biodemocracia: uma (re)aproximação do homem com a natureza. **Revista de Direito Ambiental e Socioambientalismo**, Brasília, v. 2, n. 1, p. 170-189, jan./jun. 2016. Disponível em: <http://www.indexlaw.org/index.php/Socioambientalismo/article/view/1051>. Acesso em: 20 out. 2017.

JAEGER, Werner. **Paidéia:** a formação do homem Grego. trad. Artur M. Pereira. São Paulo: Martins Fontes, 1995.

KANT, Immanuel. **A Metafísica dos Costumes.** Trad. Edson Bini. São Paulo: Edipro, 2003.

KELSEN, Hans. **Teoria pura do Direito.** São Paulo. Ed. Martins Fontes, 2001.

LARAIRA, Roque de Barros. **Cultura:** um conceito antropológico. 14. ed. Rio de Janeiro: Jorge Zahar, 2001.

LESSA, Luiz Carlos Barbosa. **Nativismo, um fenômeno social gaúcho.** Porto Alegre: L&PM, 1985.

LUVIZOTTO, Caroline Kraus. **As tradições gaúchas e sua racionalização na modernidade tardia [online].** São Paulo: UNESP; São Paulo: Cultura Acadêmica, 2010.

MACHADO, Hugo de Brito. **Curso de direito tributário.** 24. ed. São Paulo: Malheiros, 2004.

MACHADO, José Luiz Rodrigues. Entrevista concedida a Luiz Felipe Zilli Queiroz. São Borja, 2 set. 2017.

MARRERO, Andrea Rita. **História Genética dos Gaúchos - dinâmica populacional do sul do Brasil.** 2006, 172 f. Tese (Doutorado em Genética e Biologia Molecular)–Instituto de Biociências. Programa de Pós-Graduação em Genética e Biologia Molecular, Universidade Federal do Rio Grande do Sul, Porto Alegre, 2006.

MEIRA, Edelsilene Lopes de. **Educação Fiscal.** 2011, 58 f. Monografia (Bacharel em Direito) – Graduação em Direito da Universidade Vale do Rio Doce, Governador Valadares, 2011.

MIRANDA, Jorge. **O património cultural e a Constituição**: tópicos. In:_____. Direitos do Património Cultural. Obra colectiva, Oeiras, 1996.

MORGENTAL, Valmor. Entrevista concedida a Luiz Felipe Zilli Queiroz. São Borja, 2 set. 2017.

MOVIMENTO TRADICIONALISTA GAÚCHO – MTG. **Carta de Princípios.** Disponível em: <http://www.mtg.org.br/>. Acesso em: 8 ago. 2017.

NARCISO, Luciana Rocha. **Políticas públicas como Instrumento de realização dos direitos culturais previstos na CF/88: estudo de caso – programa Curitiba Iê.** 2016, 113 f. Dissertação (Mestrado em Políticas Públicas)–Programa de Pós-Graduação em Políticas Públicas da Universidade Federal do Paraná, Curitiba, 2016.

NIETZSCHE, Friedrich. **Escritos sobre educação**. 3. ed. Tradução de Noéli Correia de Melo Sobrinho. São Paulo: Loyola, 2007.

NOGUEIRA, Ruy Barbosa. **Curso de direito tributário.** São Paulo: Saraiva, 1989.

NOVELINO, Marcelo. **Direito Constitucional.** 3. ed. São Paulo: Método, 2009.

OLIVEN, Ruben. **A parte e o todo.** 2. ed. Petrópolis: Vozes, 2006.

ORGANIZAÇÃO DAS NAÇÕES UNIDAS - ONU. **Declaração Universal dos Direitos Humanos de 1948.** Disponível em: <http://www.dudh.org.br/declaracao/>. Acesso em: 8 ago. 2017.

ORGANIZAÇÃO DOS ESTADOS AMERICANOS - OEA. **Convenção Americana sobre Direitos Humanos.** Disponível em: <https://www.cidh.oas.org/basicos/portugues/c.convencao_americana.htm>. Acesso em: 20 ago. 2017.

PEREIRA. Jane Reis Gonçalves. **Interpretação constitucional e direitos fundamentais:** uma contribuição ao estudo das restrições aos direitos fundamentais na perspectiva da teoria dos princípios. Rio de Janeiro: Renovar, 2006.

PIRES, Felipe Simões. **Gaúcho, o Dialeto Crioulo Rio-Grandense.** 2016. Disponível em: <http://www.orbilat.com/Languages/Portuguese-Brazilian/Dialects/Brazilian_Dialects-Gaucho.html>. Acesso em: 16 ago. 2017.

QUEIROZ, Luiz Felipe Zilli. Direitos culturais e direitos autorais: a prioridade do tradicionalismo gaúcho como manifestação da cultura regionalista do Rio Grande do Sul. In: CUNHA FILHO, Francisco Humberto (Org.). **Conflitos culturais:** como resolver? como conviver? Coletânea. Fortaleza: IBDCult, 2016. Disponível em: <http://www.direitosculturais.com.br/artigos_interna.php?id=121>. Acesso em: 16 ago. 2017.

_____. Direitos culturais e tradicionalismo gaúcho: na busca de estímulo à cultura regionalista. In: III ENCONTRO INTERNACIONAL DE DIREITOS CULTURAIS. 2014. Universidade de Fortaleza. **Anais do III Encontro Internacional de Direitos Culturais,** Fortaleza: Unifor, 2014. Disponível em: <http://direitosculturais.com.br/anais_interna.php?id=17>. Acesso em: 8 ago. 2017.

_____. **Direitos culturais e tradição gaúcha: a figura do gaúcho como patrimônio cultural.** In: CUNHA FILHO, Francisco Humberto (Org.). **Partilhas culturais: processos, responsabilidades e frutos: Coletânea.** Fortaleza: IBDCult, 2017. Disponível em: <https://www.ibdcult.org/livros>. Acesso em: 20 ago. 2017.

REALE, Miguel. **Lições Preliminares de Direito.** 27. ed. São Paulo: Saraiva, 2003.

_____. **Teoria tridimensional do direito.** 5. ed. São Paulo: Saraiva, 2005.

RIBEIRO, Léo. **A origem do ritmo bugio.** 2017. Disponível em: <http://blogdoleoribeiro.blogspot.com.br/2011/05/origem-do-ritmo-bugio.html>. Acesso em: 20 de out. 2017.

RILLO, Apparicio Silva. **São Borja em perguntas e respostas.** 2. ed. São Borja: Tricentenário, 1982.

ROCHER, Guy. **Sociologia Geral.** Lisboa: Presença, 1977.

RODRIGUES, Antonio Greco. Multiculturalismo. In: DE MORAES, Dijon (Org.). **Cadernos de Estudos Avançados: multiculturalismo.** 2. ed. Barbacena: EdUEMG, 2013. Disponível em: <http://www.ppgd.uemg.br/publicacoes/cadernos-de-estudos-avancados-em-design/>. Acesso em: 16 ago. 2017.

RODRIGUES, Francisco Luciano Lima. Breve estudo sobre a natureza jurídica do tombamento. **Revista Pensar**, Fortaleza, v. 8, n. 8, p. 32-38, fev. 2003. Disponível em: <http://periodicos.unifor.br/rpen/article/view/735>. Acesso em: 20 ago. 2017.

ROSA, Othelo. A formação do Rio Grande do Sul. In: PILLA, Luiz. **Fundamentos da Cultura Rio-Grandense.** 2ª série. Porto Alegre: Imprensa Universitária UFRGS, 1957.

SABBAG, Eduardo. **Manual de Direito Tributário.** 6. ed. São Paulo: Saraiva, 2014.

SANTAELLA, Lúcia. **Cultura das Mídias.** São Paulo: Experimento, 1996.

SARLET, Ingo Wolfgang. **Dignidade da pessoa humana e direitos fundamentais na constituição federal de 1988.** 5. ed. Porto Alegre: Livraria do Advogado, 2005.

SÃO BORJA. **Lei Orgânica municipal.** Câmara Municipal de Vereadores. São Borja, RS, 3 abr. 1990. Disponível em: <http://www.saoborja.rs.gov.br/images/conteudo/ARQUIVOS2017/fazenda/lei_organcia_municpal.pdf>. Acesso em: 20 ago. 2017.

_____. Lei municipal n.º 1.299 de 20 de dezembro de 1984. **Consolida a Legislação Tributária do Município e dá outras providências.** Câmara Municipal de Vereadores. São Borja, RS, 20 dez. 1984. Disponível em: <http://www.saoborja.rs.gov.br/images/conteudo/ARQUIVOS2017/fazenda/codigo_tributario_municipal.pdf>. Acesso em: 20 ago. 2017.

_____. Lei municipal n.º 3.589/2006 de 27 de abril de 2006. **Cria e regulamenta o Alvará provisório no Município de São Borja e dá outras providências.** Câmara Municipal de Vereadores. São Borja, RS, 27 abr. 2006. Disponível em: <http://www.camarasaoborja.rs.gov.br/arquivos/leis/lei3589.pdf>. Acesso em: 20 ago. 2017.

SCHEIBE, Gabriela. **Cultura Gaúcha – O Tradicionalismo como marca regional**. Disponível em: <http://www.webartigos.com/artigos/cultura-gaucha-o-tradicionalismo-como-marca-regional/42028/>. Acesso em: 8 ago. 2017.

SILVA, José Afonso. **Curso de Direito Constitucional Positivo**. 9. ed. São Paulo: Malheiros, 1994.

_____. **Direito ambiental constitucional**. 5. ed. São Paulo: Malheiros, 2004.

_____. **Ordenação constitucional da cultura**. São Paulo: Malheiros, 2001.

SILVA, Kalina Vanderlei; SILVA, Maciel Henrique. **Dicionário de conceitos históricos**. 2. ed. São Paulo: Contexto, 2009.

SOUSA, Rubens Gomes de. **Compêndio de legislação tributária**. São Paulo: Resenha Tributária, 1975.

_____. IVC, ICM e conferência de bens móveis ao capital da sociedade. **Revista de Direito Público**, v. 2, p. 143-144, 1967.

SOUSA NETO, José Soares. O lugar do patrimônio cultural no direito brasileiro. In: ENCONTRO INTERNACIONAL DE DIREITOS CULTURAIS, I., 2012, Fortaleza. **Anais...** Fortaleza/CE: Unifor, 2012. Disponível em: <http://direitosculturais.com.br/anais_interna.php?id=18>. Acesso em: 8 ago. 2017.

SOUZA, Allan Rocha de. **Direitos culturais no Brasil**. 1. ed. Rio de Janeiro: Azougue, 2013.

SOUZA, Celina. Políticas Públicas: uma revisão da literatura. **Revista Sociologias**, Porto Alegre, ano 8, n. 16, jul./dez. 2006, p. 20-45. Disponível em: <http://www.seer.ufrgs.br/index.php/sociologias/article/view/5605>. Acesso em: 20 ago. 2017.

SUNDFELD, Carlos Ari. **Licitação e Contrato Administrativo**. 2. ed. São Paulo: Malheiros, 1995.

TELLES, V.P. Movimentos sociais e cultura política: notas sobre as (difíceis) relações entre pobreza, direitos e democracia. In: DINIZ, E. et al. **O Brasil no rastro da crise:** partidos, sindicatos, movimentos sociais, Estado, cidadania nos cursos dos anos 90. São Paulo: HUCITEC, 1994, p. 225-243.

TYLOR, Edward Burnett. A ciência da cultura. In: CASTRO, Celso (Org.). **Evolucionismo Cultural** – textos de Morgan, Tylor e Frazer. Rio de Janeiro: Jorge Zahar, 2005.

ULLMANN, Reinholdo Aloysio. **Antropologia:** o homem e a cultura. Petrópolis: Vozes, 1991.